くまモン知事

はじめに

蒲島郁夫東大教授との出会い………………伊藤典昭

2007年12月25日、TKUテレビ熊本記者の私は、東京大学法学部に蒲島郁夫《かばしまいくお》教授を訪ねた。

当時、熊本県では辞意を表明した潮谷義子《しおたによしこ》知事の後任が誰になるのかが政界の最大の焦点であった。自民党そして民主党が白羽の矢を立て、水面下で出馬を打診していたのが蒲島郁夫教授であった。知事候補の大本命である。

熊本県議会は自民党が圧倒的な優勢を誇っている。知事が自らの政策を推し進めるには自民党議員の支援・協力は不可欠のものとなる。

私は自民党熊本県連幹部を通して、蒲島教授との面会の機会を得た。

文京区本郷にある東京大学の法学部キャンパスは、赤門をくぐると正面に位置している。大学のど真ん中にある。

法学部の玄関で蒲島教授は出迎えてくれた。「熊本から来たんですか。わざわざですか」。その笑顔に人柄のよさを感じた。出会って数分後に私は単刀直入に「熊本県知事選挙に出馬されますか、軸足は自民党ですか」と尋ねた。

あのときの蒲島教授は少し困惑した表情でこう言った。「出馬するにしてもたくさんの人に相談しないといけないいんです。今日ここで取材に対し出馬を明言することはできないんですよ。ただね、伊藤さん、熊本から来たんですよね。私の映像を撮影することはいいですよ」と話し出馬することを示唆してくれた。執務風景をカメラで取材することができた。

この時期に蒲島教授の映像を入手しているテレビ局はどこもなく、その後の出馬表明会見まで貴重なものとなった。

これが蒲島郁夫氏と私の出会いであった。

夢を追いかけ苦労に苦労を重ね、その苦労を苦労と思わない男。熊本の農協職員からアメリカに渡り、名門ハーバード大学で政治学を学び、東京大学法学部の教授となった男。

本書は、そんな男が挑んだ3度の熊本県知事選挙、そして10年間の熊本県政運営を検証するものである。キーワードは〝決断〟である。川辺川ダム建設計画の凍結、熊本地震発生直後の自衛隊投入による1700人救助をはじめ、熊本県政史に残る蒲島知事の〝決断〟を記録に残すこと。これが、これからの熊本県政さらには全国の地方自治体の行政運営の羅針盤となると考えたからだ。

そして逆境の中にこそ夢があるとする蒲島氏の人生を通して、本書を読んでいただいた皆さんの夢の実現の参考になればと思ったからだ。

今回の出版は、政界のご意見番として大活躍する政治ジャーナリスト鈴木哲夫氏との共著ということになった。熊本県内だけでなく、全国の読者にメッセージを届けるためには、鈴木氏の永田町からの視点・分析が不可欠であると判断したからである。

この本が、政治家にとっての〝決断〟の重さとは何か、有権者が政治家に求めているものとは何か、その判断材料となることをも願っている。

本文中は敬称を略し、また肩書は当時のものとさせていただく。

2019年春

伊藤典昭

永田町から見た蒲島熊本県政

鈴木哲夫

永田町から見た「熊本」は、やはり強い「保守」地盤という印象だ。

これまでも国政選挙のたびに事前の取材や世論調査をもとにマスコミが当落予測する場合も、常に保守系議員が優位と見られ結果もそのままだ。

しかし、ここでしっかりとおさえておかなければならないのは、決して「保守」イコール「自民党」でもなければ、「保守」イコール「岩盤」でもなければ、「保守」イコール「非改革」ではないという熊本の政治的実像だ。

たとえば、1993年に自民党を政権から引きずりおろした劇的な連立8会派政権。自民党政治に異を唱え、そのトップに立った首相は熊本の細川護熙《ほそかわもりひろ》（第45・46代熊本県知事）だった。

2012年の、これもまた歴史的となる初の本格的な政権交代で、自民党を倒した民主党政権の中心にいたのは熊本の松野頼久《まつのよりひさ》。

彼らは、決して「革新」政治家ではない。「保守」政治家である。彼らを生んだ、まさに「熊本ならでは」の「保守」の土壌があるということだ。

実は私は、民主党政権時代に、「保守」とは何かを徹底取材してリポートした（講談社『g2』）。もはや時代が55年体制のような「保守vs革新」の構図やそれに合う形の政党構成ではなくなったからだ。「保守」の概念を再構築し政党再編することが時代の要請だと思ったからである。

その際に、私に、「保守」とは何かを考えていくうえで大いに参考になると、一冊の本を勧めてくれたのが、政治学者で明治大学政経学部の井田正道《いだまさみち》教授だった。「保守という難しい概念を、これほどわかりやすく、こんなに平易な言葉で言い尽くした例はないと思う。政治家としてのセンスと鋭さを感じる」

その本の題名は『社会党との対話――ニュー・ライトの考え方』（1965／講談社）。著者は元首相の故・宮澤喜一《みやざわきいち》だった。

この本が出版された1965年当時、日本の政治は「保革」、つまり「自民党」「社会党」の二大政治勢力が激しく闘い国論を二分していた。そんな中で宮澤は、「保守」についてまず次のように定義している。

《保守とは立ち止まること、立ち止まって考えることである》

そして、「革新」「保守」の考え方は、それぞれ次のようなものになる。

《(革新とは)現在ある社会に対して、なにかの疎外感を持っている人たちが、現状を突き破ればなんらかの改善が生まれるだろう。つまり、現状を突き破るというところに重点を置く考え方である》

《(保守とは)ある不満を取り除こうとする結果、全体のバランスを崩さずにその点だけの改善が可能なのか、あるいは、その点は改善されても逆に全体的には悪い結果が生まれるのか(略)、そこのところの見通しについてたえず考え、迷い、その果てに改革への決断をする場合もあるし、またしないですます場合もある》

宮澤の論に触れ、私がもっとも驚いたのは、「保守」という概念が、守勢的な立場で頑なに現状を守ろうというのではなく、むしろ「変えていくこと」、つまり「改革」を是としている点だった。

さらに宮澤はこうも書いている。

《合理性にのみ基づく改革には慎重であるべきだし、現状を突き破ることだけを目的とした改革は単なる破壊行為である。それに対し、保守が行う改革とは、立ち止まって考えつつ、必要に応じて実行していくものである。その時には、当然、過去の前例や伝統を考慮の基準としなければならないし、周囲の地域や人間関係に巻き起こす弊害も考えなければならない》

つまりこういうことだ。

たとえば目の前に塀がある。周辺住民は邪魔でこれを壊そうと思う。しかし、一旦ストップをかけてみる。この塀が立てられたときには何かしら理由があったはずだ。そこで過去にさかのぼって、当時の様子を時間をかけて調べる。すると、昔この辺りは水害に悩まされそのために建設された塀だった。いまはどうか。インフラは整備されてもう水害の心配はない。ならば壊そう。いや、まだまだ心配は残っている。ならば、一旦壊そうとしたがやはりそのまま残すという結論に変更しよう。

このように「保守」は、時代とともに、常に改革していくこと、変えていこうという理念を持ち続けているのだ。だが、その議論には相当の時間をかける。本当に変えていくことが必要なのか、そのうえで、改革を進めるか止まるか。ただただ、破壊する「改革」ではないのである。

宮澤の言う「保守論」に、私は強い共感を覚えた。なぜなら、いまの日本の政治にもっとも欠けている視点だと思うからだ。

2000年以降、たとえば小泉純一郎《こいずみじゅんいちろう》政権が進めた構造改革は、自由経済を基本にした「合理性に基づく改革」との看板だったが、立ち止まることは少なかったように思える。「破壊的」ではなかったか。

また、そのあとの民主党政権は、「とにかく自民党がやってきたことを否定し現状を突き破ること」に重点を置き、既存の仕組みはすべて「悪」とみなして片っ端から変えようとしたのではないか。

安倍政権はどうか。「結論ありき」の政策が多く見受けられ、そこには立ち止って議論し、ときには見直すという姿勢はない。

私は、熊本が、まさに宮澤の説くような「真の保守」という政治的な土壌であるからこそ、細川や松野など数々の「保守の改革者」たちを輩出したのだと思っている。

それは、「保守における改革」の神髄でもあろう。

本書の主役、蒲島郁夫もその「改革者」のひとりではないだろうか。

就任以来、数々の県政改革を手掛けてきた蒲島。しかし、それは決して破壊ではなく、是々非々の手法や決断に基づく「真の改革」だったのではないか。

財政再建、身を切る改革、ダム建設問題の決断、水俣病問題など、何度も立ち止まり、議論を進め、賛否の中で考え抜き、そして着手した。

本書はその記録でもある。

2019年春

鈴木哲夫

目次

第1章

蒲島熊本県知事誕生

乱戦を制す

伊藤典昭

2008年1月7日、自民党熊本県連会長の山本秀久《やまもとひでひさ》と幹事長の前川收《まえかわおさむ》は上京し、東京大学教授の蒲島郁夫に3月の熊本県知事選挙への出馬を最終打診した。蒲島は出馬への意欲を示し、2人と熊本県政の短期・中期・長期の重要課題について意見を交わした。

そして1月11日。5人目の候補者として、蒲島が熊本県庁で無所属での出馬を表明した。「幅広い支持を集めるため総力戦で臨みたい」と政党や組織の枠を超えた支援に期待を寄せた。

異例のことだが自民党県連は、蒲島の出馬表明前に全面的な支援を決めていた。山本と前川は蒲島の出馬表明に「自民党の気持ちを理解していただきありがたい」と安堵の表情を浮かべた。

一方、自民党との相乗りを嫌う民主党熊本県連は蒲島の支持は難しいと判断した。このことに蒲島は「民主党が別の候補者を推す場合でも撤退はしない」と出馬への固い決意を強調した。

「県民党」的なスタンスで出馬する姿勢の蒲島は、このときの取材に次のように答えている。

「政策を実現するためには大きな力となるのは自民党である。強力な改革を推し進めることができる。民主党では考えられない」。

このとき、熊本県議会議員48人のうち自民党議員は38人と約7割を占めており、当選したあとの円滑な県政運営を考えても、自民党の支援・協力は不可欠なものであることを意味していた。

その自民党は、蒲島の他の政党などへの支援要請を容認した。自民党色を薄くしてもまず蒲島が選挙に勝つことを最優先させたのだ。

自民党が主体となって蒲島県政を誕生させる、蒲島の勝利のためには党の公認や推薦にもこだわらない。〝名よりも実を取る〟という戦略を取ったのだ。

この背景には、2006年の熊本市長選挙と前年夏の参議院選挙熊本選挙区で、自民党が推す候補者が相次いで敗れたことがあった。

これに対し、時の福田政権を攻めたてる民主党は、政党対決に持ち込む作戦に出ようとした。しかし前川收の戦略は、民主党の挑発には乗らないこと、さらに、熊本県政に永田町の政党対決を持ち込まないことだった。いわば、「県民党」の蒲島を自民党公認候補者以上の候補者と位置づけ、支持層の幅を広げるというものだった。

蒲島が出馬する前にすでに複数の保守系候補者が名乗りをあげ、自民党の支持団体に対し支援を求めていた。このため自民党県連は、こうした団体に対し蒲島への支援を広げ巻き返しを図った。


2月22日。熊本市の流通団地で蒲島の選挙事務所開きがあり、勝手連な立場で蒲島を支援する自民党県連関係者らが参加、県連会長の山本秀久は「自民党が一丸となってやっていきます」と力強く宣言した。

これに応える形で蒲島は次のように訴えた。

「私は逆境からはい上がってきた男です。感謝の気持ちを忘れず、可能性を持つ熊本を眠りから覚めさせたい」。

そして3月6日の出陣式。蒲島は「熊本県の可能性を最大限に向上させたい」と力を込めた。熱気に包まれた会場で、山本秀久に続き熊本県議会第2会派・民主県民クラブの平野《ひらの》みどり、さらにのちに政令指定都市・熊本市の市長となる無所属の大西一史《おおにしかずふみ》がマイクを握り、蒲島への支援を求めた。

この非自民議員の支援は蒲島の選挙戦の勢いを加速させた。支援の広がりを感じさせた。

この選挙は、それまで熊本県民の高い支持を得ていた潮谷義子の3選不出馬に伴うもので、蒲島をはじめ元県庁職員、元官僚、元国会議員ら過去最多タイの5人が出馬する候補者乱立となっていた。蒲島は出馬表明こそ遅れを取ったが、逆にそのことで熊本県民の蒲島への関心、期待感は高まった。熊本県民が報道によって蒲島の異色の経歴を知ったからだ。高校卒業後、農協職員を経てアメリカに渡り、ハーバード大学大学院で政治学を学び、東京大学の教授になったという他に類を見ない経歴に、熊本県民の多くが魅力を感じた。出馬してもらいたいという願望が広がった。

蒲島にとっての課題は、支援する自民党とその支持団体の票を固めること。自主投票になったものの実質的には蒲島を支援する公明党支持者の票を獲得すること。

さらに、自民系とともに非自民系の票、無党派層の票を取り込むことが重要となった。警戒すべきは票の上滑りであった。そして、その日はやってきた。

熊本県知事選挙
2008年3月23日投票
投票率49・36%

当選	蒲島郁夫	(61)	無所属新人	33万7307票
	鎌倉孝幸	(61)	無所属新人	13万2263票
	北里敏明	(59)	無所属新人	10万5180票
	矢上雅義	(47)	無所属新人	10万2134票

岩下栄一（61）無所属新人　4万5827票

民主党推薦の鎌倉らに大差をつけての勝利であった。圧勝劇であった。

午後8時過ぎには早々とテレビ熊本をはじめ放送各社の当選確実の報が伝わっていた。

蒲島の最大の理解者、苦楽をともにする富子夫人と一緒に、蒲島は壇上に準備された鐘を何度も何度も鳴らした。蒲島のアメリカそして日本での成功は、夫人との二人三脚によるものである。苦しい生活の中でも明るく夫を支え続けている。

当選を決めた蒲島の事務所には、自民党の文字はなかった。全面的に蒲島を支えた自民党県連は黒子に徹した。満面の笑みの山本秀久は蒲島とがっちりと握手し、お互いの労を労いあった。傍では前川收をはじめ自民党の県議会議員らが一斉に拍手をした。

投票前日に「明日の選挙では他の候補者をたくさん引き離して私を知事の座につけ

てください」と訴えた蒲島の願いが現実のものとなった。

蒲島は学界では有名な政治学者ではあったが、当初、知名度は低かった。これを挽回するため、自民党の県議会議員や自民党支持団体は徹底した組織選挙を展開した。その一方で蒲島は、民主党や社民党系の無所属議員の一部の支持を得た。

何よりも政治学者、東京大学の教授から熊本県知事選挙へ出馬した蒲島の〝決断〟が最大の力であったことは間違いない。

「私は自らの志を実現するため、選挙に挑むすべての候補者に敬意を表する。だが選挙は戦《いくさ》である。当選か落選か。生きるか死ぬかである。惜しい戦い、善戦は結果として意味がない。失敗、負けは絶対に許されない」。

当選は激流に身を投じる決断をし、対岸へ渡りきった者の栄冠なのである。

蒲島は少年時代からの夢である政治家、熊本県知事になるための勝負に出たのだ。まさに人生を大きく左右する〝決断〟をし、勝利したのだ。

有権者は蒲島のこれまでの人生における挑戦する姿を知り、その実直な人間性に触れることで、蒲島支持への大きな流れを作った。夢を追いかけ実現してきた男に熊本の未来を託した。

蒲島当選について自民党県連幹事長の前川收は「政党のための知事選挙をやる必要はない。そこは民主党との違いであると思っている」と語った。

蒲島の存在は、自民党の県議会議員など地方議員を窓口にして、熊本県内全域の無党派層や非自民支持の有権者にも他の候補者より浸透した。これは蒲島が掲げる政策に加え、サクセスストーリーへの期待が集まったものと考えられる。

我が国2人目の女性知事として知られ、熊本県民に人気があった前知事の潮谷義子は、中立の立場を取った。仮に潮谷が特定の候補者を後継に指名していれば、情勢は変わったかもしれない。潮谷のスタンスはこれまで潮谷県政を支えた自民党への配慮にも見えた。

選挙、特に国政選挙では政党力（党首力）、政策力、候補者力の3つが重要視される。今回の県知事選挙では蒲島は自身の候補者力を最優先させた。自民党も蒲島の候補者力を前面に打ち出す作戦に出た。これは接戦になれば当落を左右する無党派層の票を獲得するには有効な手段になるからだ。

結果、蒲島の候補者力と自民党の政党力が融合する形となった。

選挙後、蒲島は政治学の研究者としてこの選挙を分析した。

「政治学者アンソニー・ダウンズの理論によると、イデオロギーと有権者の関係は、中道に多くが集まっています。候補者の中で私が一番リベラルで真ん中寄りにいました。自民党から推薦や公認を受けてしまうと、つまりイメージが右側に寄ると、その利点を失ってしまうのです。

そこで『熊本に夢の会』という組織を作り、自民党もひとつの団体として参加してもらうことにしました。もちろん自民党の支援によって広い県内を回ることができ、支援を広げることにつながりました」。


ところで過去最多タイの5人が立候補したことで、当初は再選挙の可能性もわずかだがあると見られた。公職選挙法では有効投票数の4分の1、25％の法定得票数に達する候補者がいなければ、再選挙と定めているのだ。しかし蒲島が33万7307票、全得票の47％を獲得する圧勝で、再選挙は杞憂となった。

４月16日。初登庁した蒲島は知事就任式で幹部職員に対して「国に頼っては地方の自立はない。県職員自らが考えて行動してもらいたい」と熱く訴えかけた。そして「熊本の可能性を最大限に引き出し、逆境を乗り越えていこう」と檄を飛ばした。財政再建、川辺川ダム建設計画の是非、水俣病対策など山積する熊本県の重要課題に、知事蒲島の県民目線での力量が問われることになった。

あり

第2章

ヨイトマケの唄

正月の餅が楽しみだった少年

伊藤典昭

蒲島は1947年1月、熊本県北部の鹿本郡稲田村《かもとぐんいなだむら》・現在の山鹿《やまが》市鹿本町に生まれた。

両親は旧満州から6人の子どもとともに、この地に引き揚げてきたという。蒲島は9人兄弟の7人目の子どもである。祖母も含めて10人家族、蒲島は当時をこう振り返る。「家はものすごくボロボロだった。そしてそれ以上に日々の経済状況の方がボロボロだった」。小作人として耕していた田んぼは2反半＝約25アール、この面積で収穫できるお米は2人分と少々。「毎日白いお米を食べることは夢の夢」であった。

だからこそ、ささやかな喜びに大きな幸せを感じる少年時代を過ごした。

子どもの頃、正月がとても楽しみだった。といっても、お年玉とか豪華なおせち料理とは無縁であった。楽しみは餅である。年に一度は、スルメがたくさん入った雑煮を食べられる。いまも忘れられない極上の一品だったと懐かしむ。至福の時間であったと。

そして小学5年生のとき、初めて口にしたインスタントラーメンの感激は生涯忘れられない。ラーメンができ上がるまで家族で卓上を見つめ、喜びを分かち合う。人から見ればささやかな喜びだが、それを大きな幸せに感じる少年時代を過ごした。

蒲島の父親は旧満州では警察官として大家族を養っていた。しかし戦後、帰国後は、細々と農業に従事したが、大家族を養うための定職に就かなかった。子だくさんであったのに母親は生活保護を受けることを拒み、朝から夜まで懸命に働いた。大勢の男たちに混じって道路の工事現場で汗を流したこともある。そんなたくましく生きる母親の姿を見て少年は成長していった。

美輪明宏（旧名丸山明宏）の大ヒット曲・人生歌に『ヨイトマケの唄』がある。

〝男にまじって網を引き　天にむかって声をあげて　力の限りにうたってた　母ちゃんの働くとこを見た　母ちゃんの働くとこを見た〟

〃あれから何年たった事だろ　高校も出たし大学も出た　今じゃ機械の世の中で　おまけに僕はエンジニア　苦労苦労で死んでった　母ちゃん見てくれこの姿　母ちゃん見てくれこの姿〃

〃今もきこえる　ヨイトマケの唄　子供のためならエンヤコラ〃

おそらく蒲島は工事現場でまっ黒に日焼けした母親の姿を通して家族のために生きる、誰かのために尽くすことの大切さを学んだのだと思う。さらに忍耐力と無償の愛をも学んだのではないか。

母親はとにかくしっかり者だった。だが父親と同じように教育に口を出すことはなかった。進路に対しても。このおかげで蒲島は何事も自分ひとりで考える〃決断〃できる人間となった。ガミガミと叱ることなく、子どもが自分の意思でやるまで待てる寛容な親だったようだ。

講演会等で蒲島が貧しかった少年時代の話をすると、会場では自分の人生に重ね合わせて目頭にハンカチをあてる人たちの姿を多く目にする。

小学校時代の蒲島は図書館に入り浸っていた。家計を助けるため小学校2年生から高校まで新聞配達をしたこともあって、幼い頃より新聞を読むのが日課となった。知事になった現在も早朝に起床し、新聞が配達されてくるのを待っている。誰よりも早く情報を知りたいからだ。

高校は地元の熊本県立鹿本高校。蒲島は心が落ち着く自分の居場所を見つけた。学校の近くにある一本松だ。授業を抜け出し、その木の下で風に吹かれて寝そべり、本ばかり読んでいた。このため成績は学年２２０人の中で２００番台の落ちこぼれだったようだ。

その頃の夢は大牧場主、小説家、そして立派な政治家になること。政治家になることを夢みたのは、ローマ帝国の著述家、プルタークの『英雄伝』を読み、シーザーのような立派な政治家になりたいと思ったからだ。この少年時代には無謀ともいえる3つの夢を、長く持ち続けたことが蒲島が人生で成功した鍵であろう。蒲島は「どんな人の人生にも必ず5度の大きなチャンスが訪れる」と言う。

夢を夢で終わらせない、現実のものとするには〝決断〟と不断の努力が要ることは、蒲島のその後の生きざまが証明している。

高校を卒業すると、熊本市内にある自動車販売会社に就職したが、わずか1週間で辞めてしまった。通勤には3時間半もかかった。出社時間は午前9時だが、新入社員はそれより30分早く出社しなければならない。午前4時に起床、5時に家を出なければならなかった。当然、帰宅にも3時間半かかった。睡眠時間は、わずか4時間足らず。こんな生活のせいで入社してすぐに体調を崩してしまった。意識が朦朧とし、仕事は捗らず上司に怒鳴られた。疲れ果てて退職を決意した。

次の就職先は自宅から自転車で約10分の地元の農協だった。そこで大きな人生の転機が訪れた。農業研修生としてアメリカに渡ることだった。1968年のことである。競争率4倍以上の難関を突破した21歳の蒲島は、語学研修を経てアイダホ州のバーレイ牧場に落ち着いた。しかし、研修とは名ばかりで重労働の連続、不満も口にできないほど日々疲れ果てていたという。ここでの15か月間は〝農奴〟のような生活であった。日の出前に起床し、牛と羊に餌をやる。3時間かけて数百頭の牛や羊に餌をやり終え、日が昇って明るくなる頃にやっと朝食が摂れた。朝食後は自分で仕事を探し、昼まで働き、昼食が済んだら日没まで働き続ける。休みはない。毎日がこの重労働の繰り返しであった。しかし劣悪な労働環境ではあったが研修を辞めて日本に帰るという選択肢は蒲島にはなかった。これが蒲島の人生の中での大きな大きな一歩となった。自ら踏み出して、ビッグチャンスを得たのだ。

その後、ネブラスカ大学で3か月の学科研修。「ようやく重労働から解放され勉強だけしていればいいのが嬉しかった」と振り返る。そこで学ぶ喜びを初めて実感した。当初、蒲島は英語があまり理解できなかった。当然、講義の内容はわからない。そこで講義をテープレコーダーに録音した。そのテープを徹夜で聞いて、単語を辞書で調べた。こうして次第に英語力を身につけていった。

そして24歳でネブラスカ大学農学部に入学。畜産学の研究を行う。授業のない時間に大学の中にある農場でアルバイトをして学費を稼いだ。努力に努力を重ね優秀な成績で卒業。

アメリカで農業を体験し学んだことが、知事になり、農業県熊本を守るための先手につながった。

たとえば、２０１０年、宮崎県で発生した口蹄疫が広がったとき。蒲島は、感染を防ぐため、県境に全車両の消毒ポイントを設け、熊本県への口蹄疫の侵入を防ぐことに成功した。

熊本県農林水産部長の福島誠治《ふくしませいじ》は、「当時、一般車両まで消毒するという概念はありませんでした。蒲島知事は迅速な対応を指示しました。道路を掘って消毒用のプールを作ったのです。知事からは熊本県の畜産業を守る使命感・熱意を感じました。熊本県の農林水産部は、蒲島知事によって戦闘集団となりました。この経験で、鳥インフルエンザ問題でも先手を打ち、被害の拡大を防ぐことができたのです」と語る。


そして蒲島が次に〝決断〟して目指したのはアメリカ名門中の名門ハーバード大学で、子どもの頃から夢に見ていた政治学を学ぶことだった。

ネブラスカ大学院で蒲島の誠実な姿を評価した教授たちが入学を後押しして推薦状を書いてくれたこともあり、なんとハーバード大学の大学院（ケネディスクール）に合格してしまったのである。真剣な生きざま、努力は国を越えて人の心を動かす。そして蒲島は、普通は5年から6年かかるところを、わずか3年9か月で政治経済学の博士課程まで修了したのだ。高校時代の成績からするとこれは奇跡である。夢物語である。しかしこの成功を勝ち取れたのは、逆境の中にこそ夢があるという信念を持ち、不断の努力を続けたからに他ならない。

１９８０年、33歳で帰国した蒲島は筑波大学で社会工学の講師の職を見つける。それから助教授、教授へと階段を登った。そして１９９７年、50歳で東京大学大学院法学政治学研究科の教授に就任、政治学者としての名声を得た。

蒲島ゼミの元ゼミ長で、蒲島に〝彼は天才だ〟と言わしめる総務省の木村敬《きむらたかし》。彼は蒲島に請われる形で熊本県の総務部長などを務め、蒲島県政を支えた。総務省に復帰後も蒲島のブレーンとして蒲島のよき相談相手になっている。

その木村に蒲島ゼミ時代を回顧してもらった。

「当時、東大法学部には旧来型の古いしきたりがありました。そこに東大法学部を卒業していない教授が来るということで大学中に衝撃が走ったのです。同法学部の主流ではない研究・統計をベースにして政治分析をしていた蒲島教授は、東大の学問の世界では異端児でした。それで、私は道場破りの気持ちでゼミに入ったのですが、すぐに学者として超一流であることがわかりました。人柄も素晴らしく、全く権威主義でもなかった。ときにはゼミの学生を研究室に入れて、意見を交わすこともありました。一部の教授陣からは研究室に学生が入ることにクレームがあがりましたが、蒲島教授は、学生とは研究室で議論するものだと譲りませんでした。

あの頃、まさか政治家になるとは思わなかったですね。蒲島教授が熊本県知事選挙の候補者のひとりとなっていると知り、2007年のクリスマスに東京駅構内の喫茶店で会いました。自民党県連幹事長で県立鹿本高校後輩の前川收氏らから出馬を熱心に求められていると言い、そのとき、出馬する覚悟を感じました。一旦言い出したら聞かない人ですから、同じ蒲島ゼミの卒業生とともに選挙に向けての政策素案作りに着手しました」。

さらに蒲島ゼミの門下生で、民間会社を辞め熊本県庁に入り参与、副知事として蒲島県政を支える作戦参謀・小野泰輔《おのたいすけ》にも話を聞いた。小野は振り返る。

「蒲島教授はアメリカ時代の経験からオープンマインドでした。学生の自主性を重んじてくれました。方針を与えて自分たちに考えさせる指導でした。

熊本県知事選挙への出馬を知ったとき、教授らしい決断だと思いました。私も、勤務していた会社で担当していたプロジェクトに区切りがつくタイミングだったので、ちょうどよかったのです。教授の、夢を摑んでいく人生に賛同し、運命だと感じて熊本に行く決心をしました」。

逆境をバネにした政治家

鈴木哲夫

地方の貧しい農家に生まれた大勢の兄弟姉妹の末っ子。木のミカン箱を机代わりにしてろうそくの灯りで必死に勉強し国立大学に合格。官僚を経て政治家に――。かつては日本の政治家によく語られた立身出世のストーリーだ。

「その政治家がどんな育ちをしたか。それが苦しいほどバネになっているというのは、日本独特の政治文化と言ってもいい」（井田正道　明治大学政経学部教授）。

貧しさの中で育ってきた蒲島郁夫も、例外なくそのひとりであろう。苦しさはバネになり、その中でも心ときめいたささやかな喜びが人生観へとつながり、政治は誰のために、何のためにあるのかと問い続け、そして、幸福を追求する政治姿勢が生まれた。

ところが、いまの永田町にそうした政治家が少なくなってしまった感は否めない。現役の多くの国会議員は中流家庭以上で育ってきた。経済的な苦労もない。進学も順風満帆に果たし、もちろん成績も優秀だ。

相変わらず2世3世など世襲政治家も多い。最近のデータでは、２０１7年10月に行われた衆議院選挙で小選挙区で当選した自民党議員２１８人のうち世襲議員は72人。全体の33％にも及んだ（日本経済新聞）。世襲議員は言うまでもなく、地盤、看板、カバン（選挙資金）などは先代から引き継がれ苦労はしない。

それでもいま、永田町には数が少ないながらも蒲島のような苦難をバネにしてきた政治家もいる。取材していても、そうした生い立ちを持つ政治家は、どこかに「矜持」を感じさせるものだ。

苦難というのは何も貧困だけではない。周囲の環境、生死に関わること、絶望などさまざまな種類の自らの生い立ちの中から政治の世界を選択して、いまバッジをつけている志士たちがいる。

私が現役議員の中で知るそうした政治家たち、何人かを紹介しよう。

まずひとり目は、安倍政権下で一貫して官房長官を務めてきた菅義偉《すがよしひで》だ。

秋田県の農家に生まれた菅。高校卒業時には、いわゆる「集団就職」で夜行列車に揺られ東京にやってきた。菅少年が住み込みで働いたのは段ボール工場。夢を抱いて都会で働きながらも、そこではやはり社会の矛盾に直面する。働けど働けど決して裕福にはならない。社会を変えたいという思いが日に日に増していった。

学歴社会であることも思い知った。仕事の合間を縫って独学で猛勉強し法政大学法学部へ進んだ。

将来の仕事を考えるようにもなった。この社会をよくするには、政治家になるしかない。ただ何の伝手《つて》もない。菅は、大学の就職相談窓口に駆け込んだ。

「政治家になるにはどうすればいいのか」。

大学の担当者は驚いた。そんな相談はもちろん窓口を開設して以来初めてだったからだ。それでも担当者は青年の思いを必死で受け止めアドバイスした。

「政治家の秘書を経て政治家になる人もいるね」。

菅は、市議会議員の門を叩いた。採用されたが秘書といっても下足番だった。それでも、いつか政治家にと下働きを必死でこなしているのを見たのが、その地域の自民党衆議院議員の小此木《おこのぎ》彦三郎《ひこさぶろう》（故人）。真面目な菅の姿を見て「自分の選挙で手が足りないから助っ人で手伝ってくれ」と声をかけたのがきっかけで、菅は小此木の秘書となった。そして、市議を経て衆議院議員に。

もちろん菅には地盤も看板もカバンもなかった。自分の力で歩いてきたその苦労の中で、政治家としての不敗の意思や諦めない強さを育んだ。

たとえば、自民党の野党時代に、多くの議員が失意や「ここは一旦態勢を立て直して」といった空気の中にあっても、諦めない菅は復権を目指し、活動を緩めることは一切なかった。当時産声を上げたばかりの橋下徹《はしもととおる》率いる大阪維新の会に目をつけ、大阪通いを続けていたのを知る人は少ない。「いつか政権に返り咲いたらそのときは一緒にやろう」とつないできたものが自民党政権になり、維新との協力関係で花開いているのだ。

２０１２年の自民党総裁選では、かつて政権を投げ出したとして求心力すら失っていた安倍晋三《あべしんぞう》に対して、ごく近い周辺が「まだ復帰は早い。世論は受け入れない」と反対する中で、たったひとりだけ「出るべし。いま出れば、負けたとしても次が開ける。政治はそういうものだ」と主戦論を説いた。常にひとりで道を拓いてきた勝負勘から出た言葉だ。

また、不安だらけで涙しながら東京に出てきた集団就職のときに「頑張ってこいよ」と優しく送り出してくれた故郷への思いも永遠だ。総務相時代から「ふるさと納税」を推進してきた菅だが、そうした地方への数々の政策は、励ましてくれた故郷への恩返しとしてこれからも続くだろう。

さらに、安倍政権下で一貫して背負ってきたのは危機管理。この分野もまたゆるぎない決断や勝負強さが求められる。育ってきた環境が菅という政治家を作っているのだ。


（以上、筆者「朝日ニュースターコラム」より）


次に挙げるのは、安倍首相の盟友でもある下村博文《しもむらはくぶん》元文部科学相。

実は彼は交通遺児だ。

群馬県で生まれた下村。小学校3年のときに、父を交通事故で亡くした。残されたのは母と幼い兄弟3人。母は親戚から畑を借りて野菜を作りながらパートで働き、女手ひとつで下村たちを育てたが、その生活は極貧だった。兄弟で一個の生卵を分け合って食べたという。

下村は交通遺児の奨学金（あしなが育英会）をもらいながら高校へ。そして上京し新聞配達で生活費をまかないながら大学へ進んだ。

大学在学中には、自ら勉強したくとも貧困でできなかった生い立ちの悔しさをバネに、なんと自ら私塾を開設し、卒業後も塾を経営した。

そして、日本の「教育」の実態を社会問題として考えるようになる。家庭の経済事情などに関係なく誰もが平等に学べる仕組みを作りたいと、政治家を目指すようになったのだ。彼にもまた地盤も看板もカバンもない。まずは地方議員に挑戦。躓きながらも後援会を作り、仲間に支えられ国会議員になった。

下村のライフワークはズバリ「教育改革」だ。衆議院初当選後に抱負を聞くと、「首相」ではなく「文科大臣」と答えた。自らの生い立ちの中から、「教育立国」が彼の政治家としての大仕事なのだ。

（以上、筆者『若き政治家　下村博文』河出書房新社より）

最後に、「壮絶な生い立ち」というのなら、やはり「戦争体験」を政治家の資質から切り離すわけにはいかないだろう。

戦争を体験した世代の政治家がどんどん少なくなってきている。それは、時間と時代の経過から仕方のないことだ。しかし永田町の世代間で引き継がれているのか、戦争体験は、政治における「外交」「安全保障」といった分野はもちろんだが、それ以外にも「社会保障」「人権」「人間の幸福観」といった分野でも政治の議論の大きな柱になることは間違いないのだ。

たとえば私が1990年代に番記者（担当記者）を務めた梶山静六《かじやませいろく》元官房長官（1926〜2000年）。その政治手法から「武闘派」などと呼ばれていたが、私が知る梶山は違った。

議員宿舎に上がり込んで一対一になったことがある。奥の部屋でしばらく時間を過ごした梶山がリビングに出てきた。

「いまお袋に、今日こんなことがあった、これで本当によかったのかなあと話してきたんだ」。

そこには仏壇があった。

梶山が政治家を志した理由は、その「母」にあった。

梶山の長兄は太平洋戦争で戦死した。その一報が梶山家に伝えられたとき、母は地元の人々とともに万歳三唱していたのを、梶山は不可解に思っていたという。しかし、そのあと人から隠れ土蔵の陰で号泣する母を見て、「戦争はやっちゃいけない」と。

その姿を見て政治家を目指したのだという。梶山自身も特攻隊の生き残りだ。政界引退後、夫人と鹿児島は知覧《ちらん》の旧特攻隊基地を訪ねたときには、号泣していたと夫人から聞いた。

梶山は「政治は時代に応じて、現実対応でなければならない」という政治家としての責任やリアリズムから決して逃げなかった。

たとえば、橋本龍太郎《はしもとりゅうたろう》（故人）内閣の官房長官時代に、日米防衛協力のためのガイドライン見直しで、周辺事態法について積極的に発言した。タカ派を思わせるような姿勢を見せたのだが、これで梶山を誤解してはいけない。

その論には、ちゃんと条件がついていたのである。

「時代が変わって安全保障も変わんなきゃなんない。周辺事態もそうだ。しかし忘れちゃならないのは、法整備はするが、同時にそれを行使しないために何をすべきかを考えるのが政治なんだ。セット論だな。行使させちゃだめなんだ」。

これぞ、戦争世代にしか語れない「矜持」であろう。

実体験に勝るものはなし。生い立ちが作る政治家の姿勢や政策には「納得」がある。

蒲島のそれにも、きっとある。

県知事
候補

第3章

まずは財政再建

まず、自分の月給100万円カット……伊藤典昭

バブル崩壊による税収の落ち込み、90年代に造られたハコモノ行政のツケ、そして小泉政権が推進した三位一体の改革で地方交付税が大幅に削減されたことによって、蒲島が就任した2008年の熊本県の財政は危機的な状況となっていた。

テレビ熊本の世論調査（複数回答）では、熊本県政の重要課題は財政再建、と答える人が7割を超えていた。知事となった蒲島の財政再建策のスタートは自身の月給100万円のカットであった。

2008年4月24日の熊本県議会臨時議会で「知事としての決意の出発点とする。これにより県職員の意識改革も促し職員一丸となって財政再建に取り組む」と身を削る覚悟を表明した。知事の元来の月給は124万円、そこから100万円を引くと24万円。それから税金を引くと残るのは14万円だった。

蒲島は取材に対し「私はほとんど使う機会がないので感じないが、妻が大変だと思

う。妻はあんまり私と一緒に買い物に行きたくないらしい」「安い物を買っているところを見られるのがとても恥ずかしいようだ」「妻にはいつも感謝している」と笑顔で話した。

蒲島は1期目の退職金も含めて6年間で約５０００万円の給料を自らカットした。このことで蒲島は、各種団体への補助金削減や県職員の給料カットに対し理解を求めることにつなげた。


また蒲島は、方針転換した県営荒瀬ダムのように「決まったことだからやるのではなく、前提が変わったときにはもう一度考え直すことが財政再建には必要だ」と職員の意識改革を求め続けた。そうした結果、就任7年間で熊本県の県債額、借金は１兆円を切った。約１５００億円削減し、９２００億円になったのだ。

一方で財政調整用4基金残高、貯金は7年で2倍の１０６億円になった。

痛みはまず我が身からとする財政再建について、知事就任から8年間、副知事として蒲島県政を支えた村田信一《むらたしんいち》（現熊本空港ビルディング社長）に給与カットの効果を語ってもらった。

「月給100万円カットは財政再建に取り組む蒲島知事の姿勢、象徴としてとてもわかりやすいものでした。県職員の財政再建への意識も高くなり、民間への補助金カットにも理解を得ることができました。またこの決断によって蒲島知事は利権とは全く無縁で、私利私欲がないことが県民に浸透しました」。

その一方で、「知事夫人はたいへんな苦労をされました。スーパーの商品が値引きになる時間に買い物に行くなどして家計をやりくりされていたようです」とも語る。

余談だが、カットと言えば蒲島は21歳でアメリカに渡って以来理髪店に行ったことがなかった。結婚後は生活費を切り詰めるため夫人が髪を切っていた。知事に就任して10年目、71歳のときに、熊本県の理容組合の勧めを断りきれず、「50年ぶりに理髪店に行ったよ」と笑う。

蒲島の激務を近くで見ている熊本県知事公室長の坂本浩《さかもとひろし》も、蒲島の公私の区別をつける姿勢に一目を置く。

「蒲島知事は土曜、日曜の休みもなく働いていました。午前3時半には起き、公務の準備をし、夜は各種会合に出席。東京出張の際にも、公費で来ているからと娘さんが住む東京の自宅には絶対に帰りません。海外出張の際もエコノミー席にしか乗りませんよ」。

財政再建と待ったなしの地方創生

鈴木哲夫

「全国の地方自治体のうち、実に896の市区町村が消えてなくなる。それも遠い将来じゃない。2040年。あっという間にその日がくる」。

衝撃的なデータだった。

地方自治体の財政再建どころではない。自治体そのものが消えてなくなるという事態が現実になるというのだ。

これは有識者らで組織する「日本創成会議」(座長・増田《ますだ》寛也《ひろや》元総務相)が、2014年に発表した試算結果である。

同会議の分科会は、国立社会保障・人口問題研究所がまとめた将来推計人口のデータをベースにして、最近の都市間の人口移動の状況などを加えて推計した。

それによると、少子化と地方からの人口流出、東京などへの一極集中は今後も一切止まることはなく、その結果、２０４０年に全国の８９６市区町村が「消滅」の危機に直面するというもの。明らかに地域が崩壊し、消滅せずになんとか持ちこたえた自治体ですら運営が行き詰まっていくのは確実だ。

そもそも、「東京圏への人口転出入を２０２０年時点で均衡させる」と政府は「地方創生」で高らかに謳っていたが、成果は全く出せていないのだ。政府が目標を設定した時点での東京圏への人口流入は９・７万人の転入超だったが、これが２０１７年には、減るどころか12・０万人の転入超へと増え、目標は遠ざかるばかりだ。

特に同会議が、消滅可能性自治体を選んだ決め手として、20～39歳の女性の人口の変化に着目した。子どもの大半をこの年代の女性が産んでおり、今後の人口を左右するからだ。具体的には、この世代の女性が２０４０年にかけて大都市に流出する可能性があるとして、その結果この世代の女性が５割以下に減る自治体を消滅可能性自治体に選んだ。

これらは北海道や東北地方の山間部などに集中している。都道府県別でみると、消滅可能性自治体の数が最も多く割合が高かったのは秋田県で96・０％。これに、青森県87・５％、島根県84・２％、岩手県81・８％と続く。近畿から西日本でも和歌山県が76・7％、徳島県70・8％、鹿児島県69・8％など割合の高い県もある。

大都市でも、地域によっては住環境などの問題から大阪市の西成区や大正区、東京都豊島区などが消滅の可能性を指摘された。

政府は、今後地方創生政策や特区などによって人口の大都市圏への移動は今後少しずつ鈍ると予測しているが、座長の増田はメディアのインタビューにこう答えている。

「我々はよりリアルに、都市圏への流入が毎年6～8万人続くとの前提で推計を出しました。地方は一般的に出生率が高いところが多く、いまはなんとか人口を保っていますが、今後は若い人たちの東京や他の大都市への人口流出を止めるべきです。

現在、東京都では待機介護老人が4万3000人と言われていますが、2040年には後期高齢者（75歳以上）がその2倍に増えます。しかし一方で、20代、30代の男女はいまより40％も減るわけです。そうなれば、もはや東京で介護が成り立ちうるとは思えません。これからは3つの対策が必要です。①地方から東京への人の移動をどう食い止めるか、②都市部では本当に実のある少子化対策を徹底的に行う、③東京では少子化対策と同時に地方へ人の流れを促す」（ダイヤモンド・オンラインより）。

増田の言う解決策にはもちろん一理あるが、そう簡単にいく話ではない。

消滅する自治体だけの問題ではない。地方自治体の全国的な全体像を見ても、少子化で人口が減り税収が落ちる。

また、高齢化で介護など社会保障費は増大する。しかも、この社会保障費について、安倍政権はすでに社会保障プログラム法を成立させ、社会保障費に自助の概念を入れ込んで、地方自治体や各家庭に負担を移行させているから、財源に苦しむ地方自治体をさらに圧迫する見通しだ。同時に、財政力のある地方自治体とそうでない自治体の間に社会保障のサービスの格差も生まれることになる。しわ寄せは、地方自治体に迫ることになる。

２０２０年の東京オリンピック・パラリンピックまでは、経済も世の中の空気もなんとかムード先行で引っ張れるかもしれない。しかし、その後日本は大きく後退局面に入るという予測が、各界各層から出始めている。少子高齢化と地方自治体消滅の危機という未知の苦難に立ち向かわねばならない中で、相変わらず「高度成長の夢よ、もう一度」といった印象が強い安倍政権の政策の方向感は誤ってはいないだろうか。

今後の処方箋のひとつは、やはり「地方創生」政策だろう。

初代地方創生相の石破《いしば》茂《しげる》が、地方へのヒントをこう話す。

「〝まつりのあと〟ってそういうものです。1964年の東京オリンピックのあとも冷え込んだ。今度はそれどころではないくらい深刻です。少子高齢化はどんどん進む。人口はいま1億2700万人ですが、西暦2100年には5200万人になる、半分ですよ。一体どうなるのか。そして東京一極集中をなんとかしなければなりません。国交省によれば世界の主要都市の中で、東京は危険度ランキングで断トツ1位です。地震の可能性や構造物の問題、過密度。そこに、さらに人、もの、カネが集まっている。この東京の危険度をどう避けるのかという点からも、地方にこそ目を向け、地方の経済の潜在力を引き出し、東京から地方へと人が移り住んでいくことが必要になってくるわけです」。

石破は「地方創生プロジェクト」を進めたがその理念はというと……。

「実はこれまでも、田中角栄《たなかかくえい》の日本列島改造、大平正芳《おおひらまさよし》の田園都市国家構想、竹下《たけした》登《のぼる》のふるさと創生と、歴代政権はみんな地方に重きを置いてきたんです。しかし、それらはどれも、『できたらいいなあ』という感じで失敗しても危機感がなかった。なぜなら高度成長期だったからです。

でも今回の地方創生は違う。失敗したらもうあとはない。これまで地方から大挙して霞が関や永田町に来て、額の大きな事業をくださいと陳情合戦をしてきましたね。でも地方創生では一括交付金を使いました。使い道も権限もその町に任せますと。その代わり何をやるかはその町自身が考えて決めるんだと。

それまで国からの公共事業や地方政策に頼っていた地方にとっては厳しいことなんです。知恵や努力が必要で、失敗したら自らの責任になる。でも、地方にはその町しかわからない発想や潜在力がある。霞が関ではわからないんですね。そうした地方の潜在力を発揮してこそ本当の地方創生になる」。

石破が挙げた地方創生の例は、たとえば高知県佐川町。これまで町長が町の総合計画を作っても誰も読まない。そこで誰が読んでもわかるようにと、中高生も一緒になって「私たちの作りたい町」を議論して書かせた。これは、人口対策でもあった。子どもたちに対して、「きみたちが計画した町を作るために帰ってこい」と。

一方、神奈川県秦野市の名旅館の場合。

リーマンショック後経営は苦しく、そんな中であとを継いだのがメーカーに勤めていた技術者だった。メーカーの目から旅館業を見て驚いたのは、そもそも従業員がどこで何をしているかわからない。そこで、まず従業員全員にタブレット端末を持たせ、客とどう接しているか管理した。また、宴会のたびに客が残す料理は決まっていることから、メニューを徹底して見直した。最も画期的なのは365日営業が当たり前の旅館業で週休2日にしたこと。これで従業員のモチベーションを上げてサービスの内容も上げた。業績は急回復している。

蒲島郁夫は、自治体の徹底した歳出カットを行った。

しかし、少子高齢化や人口の東京一極集中をそのまま当てはめれば、九州を眺めると福岡県への一極集中が進行し、熊本県内を見ても熊本市など都市部への人口流動が進んでいる。そうした中で、地域に威力あるコンテンツを作り、人口を引き留める工夫は、これまで以上に蒲島に求められる。財政再建は、次に自治体としてのいわば「営業力」にもかかってくると言っていい。自治体として、ビジネス感覚を以ての政策立案だ。

どんな個性を表に出し、地方創生を果たすのか。

さらに、防災上、経済の上からも、分散型国家を考えるべき時期にきているかもしれない。

東京だけ地価が上がり、本社機能の集中した東京だけが景気がよくなるという形では、国全体がバランスよく発展するわけはない。大型災害などを考えても、東京をバックアップする機能が全国に分散していなければならない。そうした復元力を有する国作りという点でも、地方都市、特に県庁所在地などを重点的に整備し、国が進めるスーパーシティ構想なども絡めながら分散型国家を作る必要がある。

熊本はそうした意味で、九州地区を見た場合、福岡のバックアップを兼ねた都市作りや、中央省庁の機能を分担して拠点化するなど、分散型国家のモデルとしても十分考えられるのではないか。

流れを

第4章

川辺川ダム建設計画凍結表明

県議会から生中継された決断——熊本県議会議場から県民に訴える

伊藤典昭

熊本県球磨《くま》郡相良《さがら》村の球磨川最大の支流、清流・川辺川に計画された川辺川ダム。1965年の水害（昭和40年7月梅雨前線豪雨）では家屋の損壊や流出が1200戸を超え、治水対策が急務となり、翌年、当時の建設省はダム計画を発表した。その後、治水に加え利水と発電を加えた特定多目的ダムとして計画は動き出す。しかし、1990年代に入るとダム建設による河川の環境悪化や国、そして熊本県の財政悪化等もあり、大型公共事業に懐疑的な声が広がっていった。川辺川ダムについて歴代の熊本県知事は推進のスタンスであったが、蒲島の前任の潮谷義子は中立の立場を取った。

蒲島は初陣の選挙で「川辺川ダム建設計画の態度については知事就任後に結論を出す」としていた。重要課題についてはスピード感を持って取り組み、結論を先送りにしてはならず、6か月以内に方向性を示さなければならないというのが蒲島の政治理論であった。

蒲島は当選後、川辺川ダム計画建設の是非は9月県議会で表明するとした。5月に有識者会議を立ちあげ8回にわたって議論を重ねた。合わせて流域住民、流域市町村長そして国土交通省から意見を聞いた。

２００8年9月の熊本県議会。

開会日の9月11日に蒲島が熊本県の長年の懸案事項、川辺川ダム建設計画を継続するのか、それとも凍結させるのか、決めることになった。熊本県民そして国民の大きな関心事となっていた。熊本県庁ではこの日を〝川辺川ダム9・11〟と呼んでいる。

議会開会前の9月5日、私は熊本県議会議長室で議長の村上寅美《むらかみとらみ》と面談した。

村上はベテランの県議会議員、自民党の重鎮であった。また村上は東京大学教授時代の蒲島に強く熊本県知事選挙への出馬を求めていた。いわば知事蒲島の生みの親のひとりでもある。

蒲島の生きざまと苦労して叩き上げてきた自らの人生を重ね合わせ、蒲島に惚れ込んでいた。

このとき私は「今回の蒲島知事の決断は熊本県政史上に残る大きなものだと考えている。そこで蒲島知事の〝決断〟の肉声をリアルタイム、つまり報道特別番組として生放送したい。会社の了解も取りつけている。議長として生中継を許可していただきたい」と要請したのだ。

これまで熊本県議会をテレビで生中継した事例はなく、異例中の異例であった。

村上は親しみのある熊本弁で次のように語った。

「そぎゃんな。ワシ（私）もどっちしても凄い決断になると思うばいた（思いますよ）。よかたい。生中継しなっせよ。みんな（県民も）聞きたかろだい」と微笑みながら快諾してくれた。

私は御礼を述べると同時に、蒲島の結論がどうなるのかを尋ねた。すると村上の表情が少しこわばったことを、いまも鮮明に覚えている。

「知事は誰にも言わっさんけんな。ワシどん（自民党）もわからんばってん。建設を止めるかもしれんな。そうなると自民党は困るばってんな。そるばってん（だけれども）、ワシどんが来てもらった知事だけんな。異論はあっても最終的には反対できんでしょだい」と蒲島の決断を尊重する姿勢を見せた。

蒲島は周辺の人たちの賛同を得る器の大きさ、人としての魅力を持ち備えているのかもしれない。

そして２００８年9月11日、運命の日がきた。

テレビ熊本は、『報道特別番組　42年目の決断　川辺川ダム～蒲島知事が是非を表明～』と銘打って生放送した。

番組の進行はニュースキャスターの尾谷《おたに》いずみと郡司《ぐんし》琢哉《たくや》が担当した。２人は自ら取材をするアナウンサーである。スタジオでこれまで42年間の川辺川ダム建設計画の歴史をふり返ると、カメラは県議会議場に切り替わった。

開会の午前10時前には県議会本会議場の傍聴席はすべて埋まり、空気は張り詰めていた。議場は静まりかえっていた。

午前10時20分、決断の重みを感じつつ登壇した蒲島は、少し表情が強張り緊張感を漂わせながら、川辺川ダム問題に対しての熊本県のこれまでの対応を説明した。

そして蒲島は天を見上げ一呼吸して言った。

「ここにおいて私は現行の川辺川ダム計画を白紙撤回し、ダムによらない地域対策を追求すべきであると判断したことを表明する」。

「ダムによらない治水の検討を極限まですることを国土交通省に要望する」。

「本日の私の判断は過去、現在、未来へという民意の流れの中、現在の私たちの世代が見通せる未来において県民の幸福のためにいかなる選択が最善かを考えて行った」。

「今回の決断で苦しんだのは、半世紀にもわたって五木村の人たちが翻弄されたことだ」。

「胸が潰れる思いだ」。

気づけば、蒲島は涙声だった。口元が震えていた。

「本日の私の判断はすべての人に受け入れられるものではないかもしれない。しかし現時点において地域の皆さまに最良の決断をしたと思っている。川辺川は熊本にとってかけがえのない財産である。いまこそ42年の長い対立を超え、結束すべきときがきた。熊本の夢に向かって私とともに新たな一歩を踏み出しましょう」と結んだ。

テレビ熊本のスタジオで蒲島の川辺川ダム計画の白紙撤回をリアルタイムで聞いていた五木村村長の和田拓也《わだたくや》は、「五木村からすると残念な決断である。失われた42年間の重みと村外に移転した人の思いなどを考えると」と心情を語った。

一方で流域市町村でいち早く反対表明をした相良村の徳田正臣《とくだまさおみ》は「五木村民の苦悩をこれほど理解した知事はこれまでにいない。民意を汲み取った素晴らしい判断であった。安堵した」と蒲島の政治決断を評価した。

そして自民党県連の幹事長、前川收は「我々の目的はダムでなく治水対策である。ダムによらない治水対策を追求してもらいたい」と注文をつけた。

この熊本県議会からの生放送は大きな反響があった。結果として蒲島のダム建設計画凍結表明を多くの県民がリアルタイムで知ることになった。生中継したことで熊本県政史に残る決断が世論形成の後押しになったようだ。

のちに蒲島はこう語っている。「知事に就任して6か月以内にダム建設計画を凍結したのが大きかった。1期目の残り3年半は国土交通省などとの関係修復の時間に充てることができ、関係が良好となった。国土交通省も親身になって災害対応対策を講じてくれている。そして熊本県議会が私の決断を尊重してくれたことはありがたい。私は常に議場では真剣に議員の話を聞いている。議員をリスペクトしている。そのお互いの信頼関係が大事なのだ」と。

川辺川ダム総合対策課長、知事公室長などとして川辺川ダムの総合的な対策を担当してきた副知事の田嶋徹《たじまとおる》は回顧する。

「県議会で蒲島知事が川辺川ダム建設凍結と表明されたとき、自分は財政課長でした。執行部席で知事の斜め後ろにいました。結論は、穴あきダムではないかと思っていました。表明に体が凍りついたのを覚えています。だがいま思えば現実的な選択でした。

知事には地域を分断したくないという強い思いがありました。前例にとらわれず、慣例にとらわれず自分の信念に基づいた判断でした。そして自民党は県民政党として知事にフリーハンドを与えました。決定権を知事に委ねる度量がありました」。

そして川辺川ダム建設凍結の見解作り、ロジックに携わり、当時、熊本県参与で現在副知事の小野泰輔は緊迫感があったと振り返る。

「我々は基本的には数式で、熊本の幸福度からダム建設をどうするか考えました。蒲島知事はこの数式を使って県民幸福度からすると作らない方がよいと説明しました。知事公邸で議会表明の当日午前8時まで原稿に手を入れていました。胃が痛くなる思いでした。メディアの取材も激しく、ありえないくらいの緊迫感がありました」。

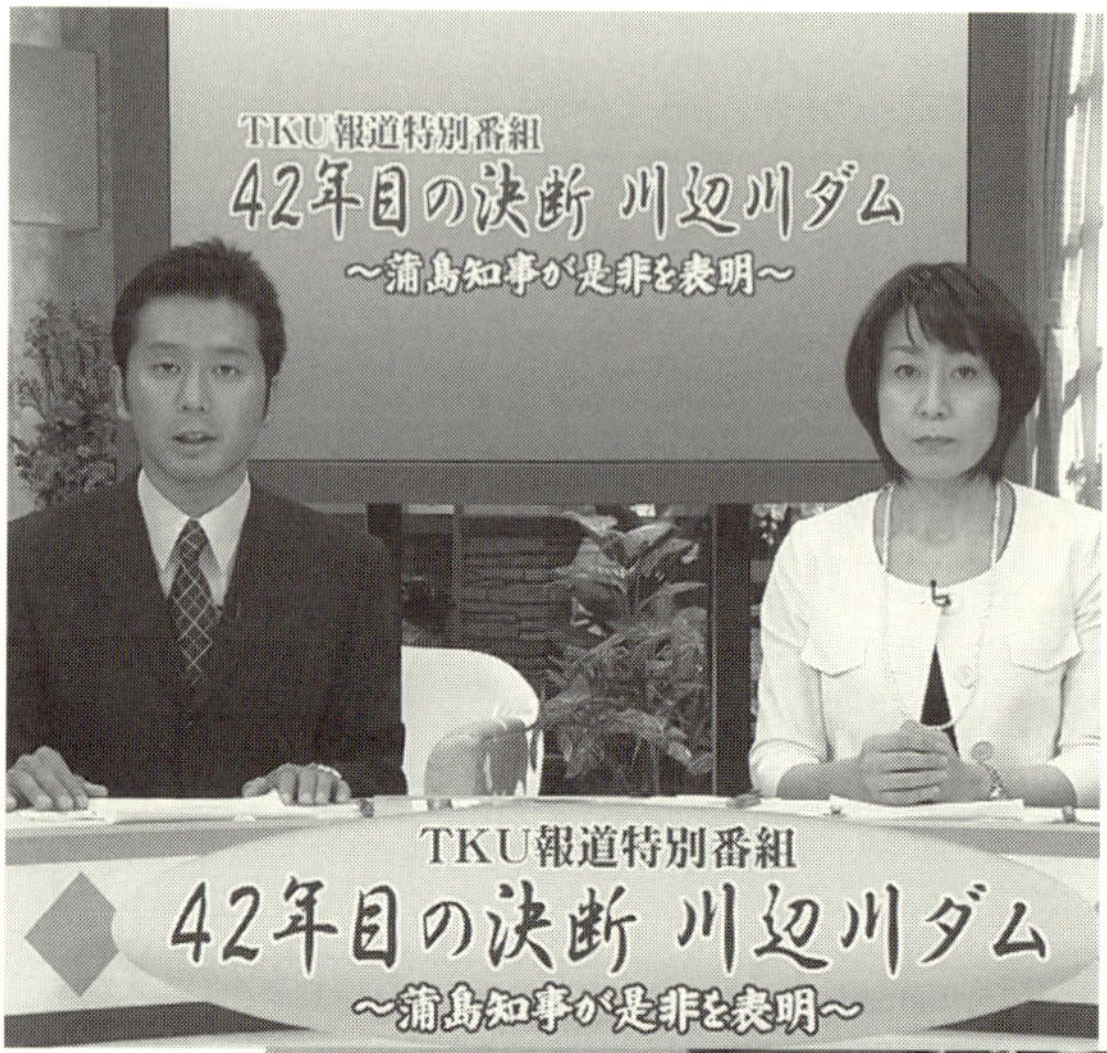
TKU報道特別番組
42年目の決断 川辺川ダム
～蒲島知事が是非を表明～
TKU報道特別番組
42年目の決断 川辺川ダム
～蒲島知事が是非を表明～

務局長
務局長

第5章

県民幸福度を重要視した決断

建設された路木ダム、撤去された荒瀬ダム……伊藤典昭

建設決定 天草市の熊本県営路木《ろぎ》ダム

熊本県が治水と利水を目的にして計画した天草市河浦町の県営路木ダム。1992年に企画され、翌1993年に事業がスタートしていた。地元では水不足解消のためのダム建設を要望する声がある一方、治水目的でのダムは不要だとする意見の二つに分かれていた。

2009年1月に蒲島はダムの建設予定地や、旧・河浦町の水道が普及していない地域を視察した。そうした中、4月に天草市は路木川の氾濫による路木地区の浸水被害が確認できたとして、ダムの必要性を認める報告を示した。

このことに蒲島は〝重く受け止める〟とコメントした。

そして同年6月3日、熊本県議会で「水が安定的に手に入るという安心感を住民に実感してもらうこと。そのことで県民の総幸福量が大きく増大するものと確信する」

とダム建設を明言した。

その結果、２０１４年４月１日、ダムの水を水道水として供給する利水事業がスタートした。

撤去決定　八代市の熊本県営荒瀬ダム

八代市の県営荒瀬ダムは１９５５年に作られ、電力を供給していた。

撤去か存続かで世論が揺れる中、蒲島は一時、撤去費用や周辺整備事業予算が当初予算より高額になることから、ダム撤去を凍結した。しかし２０１０年２月３日、「荒瀬ダムは撤去すべきである」と判断したと表明した。既存のダムとしては全国で初めての撤去となった。

２０１８年３月には撤去工事が終わった。「感無量。これまでのダム撤去の経験を、学術的な知識をふまえて発信していかなければならない」と蒲島は語った。

このケースバイケースの決断について、前出の総務省出身で内閣府企画官の木村敬は「路木ダムについては親交のある山田啓二《やまだけいじ》元京都府知事の助言があった。１９８２

年山田氏は国税庁天草税務局長を務めていた。そのとき、天草豪雨災害を体験していた。一方、荒瀬ダムはもったいないから残すことも考えた。これは貧しかった時代を経験した発想。だが最終的には世論の意向、県民の幸福度を重要視した」と解説する。

また川辺川ダム建設凍結表明時は県環境生活部長で、後に副知事として蒲島の懐刀となった村田信一は「蒲島知事はダム反対論者ではない。〝川辺川ダムは作らない〟〝路木ダムは作る〟〝荒瀬ダムは壊す〟という、現地に足を運び地域住民の声を聞き地元の意向を最大限に尊重する3つの決断をしたのだ」と分析する。

第6章

水俣病問題解決——被害者救済へ

政治の原点は水俣にあり

伊藤典昭

蒲島の初陣の県知事選挙、第一声は水俣市において行われた。

蒲島は水俣病被害者の救済を熊本県の最重要課題とした。政治的な解決を図る水俣病特別措置法成立のため、蒲島は尽力した。環境省、当時政権与党の民主党、野党の自民党と粘り強く交渉した。政治的な解決の道筋を作ったことは大きな功績であると言えるのではないか。さらに抜本的な解決を望む声にももちろん耳を傾けている。

2010年4月、民主党政権は水俣病未認定被害者の救済などを盛り込んだ水俣病特別措置法を閣議決定した。この水俣病特別措置法は、チッソの工場排水に含まれるメチル水銀に汚染された魚貝類を食べたために、一定の感覚障害がある人に対し210万円の一時金や医療費を支給するというものだ。

2011年3月には特別措置法による救済を進めてきた「水俣病　出水の会」をはじめ、3団体が紛争終結協定に署名した。さらに裁判による解決を求めてきた「不知《しらぬ》火患者会」も和解し、一時金と医療費を受け取ることで決着した。

このとき蒲島は「時間が限られている。とくに高齢の方々に対しては、私の任期中に特措法が成立したこと、和解が成立したことにとても喜びを覚えた。特措法をベースにしたことにより多くの方が救済されることを希望している」とコメントした。

そして２０１４年8月、特措法に基づく未認定患者の救済で、一時金の給付対象者が確定した。熊本県によると申請した2万７９６０人のうち、２１０万円の一時金が支払われることになったのは1万９３０６人。医療費（保険適用分）が無料になる水俣病被害者手帳が交付されたのが３５１０人で、合わせて約8割が救済対象となったが、５１４４人は対象から外れた。

「特措法の判定救済は終了したが、引き続き相談窓口での対応や公健法の認定業務に取り組んでいく」と、蒲島はこれで終らせるつもりはない。

２０１８年9月26日、水俣病が国に公害と認定されてから50年が経った。

蒲島はこの日、記者会見して次のように想いを語っている。

「初動対応の遅れによって水俣病の被害拡大を防げなかった熊本県の責任をあらためて痛感している。このことを重く受け止め、二度とこのような被害を起こすことがないよう県政運営にあたる」。初動の遅れが、いかに住民の命取りになるか――水俣から得た教訓を熊本地震時の迅速な人命救助に活かした。

第7章

2回目の選挙戦をどう闘ったか?

得票率は90%超え！　事実上の信任投票に……伊藤典昭

2013年3月25日。蒲島は熊本県知事選挙再選を目指し無所属で出馬した。対立候補は無所属ながら共産党県委員長の久保山啓介《くぼやまけいすけ》だった。

3月8日の出陣式には、前回に続き蒲島を全面的に支援する自民党に加えて公明、民主、社民などの政党やその支持団体関係者が参加した。蒲島は前回同様に政党に推薦を求めなかったが、自民党県連会長の山本秀久は「熊本県民のための知事に育て上げてきた。蒲島氏は県民の立場で県政運営をした。2期目は各政党が一致団結して支援する」と力強く宣言した。

これに応える形でイメージカラーの赤いジャンパーに身を包んだ蒲島は「1期目は川辺川ダムや荒瀬ダム問題などさまざまな〝決断〟をした。決断には必ず賛否両論がある。どんなに辛くても責任を持って決断し続けることを約束する」と熱く訴えた。そして「1期目に掲げた夢のさらなる実現のためにスピード感を持って邁進する。県民の幸せを実現できるように仕上げる」と繰り返し伝えた。

一方で事実上の信任投票になることを危惧してか「私にとって大きなエネルギーは投票率。選挙に必ず行って欲しい。そのことが蒲島県政と一体となることだ」と呼びかけた。

どうして政党は公認や推薦をしなかったのか。多党相乗になったのか。自民党県連幹事長の前川收は「知事選挙は政党のＰＲの場じゃない。熊本県民のためによい人、正しい判断ができる人を責任を持って応援する。それが政党の役割だ」と語った。

また民主党県連代表の鎌田《かまた》聡《さとる》は「県民党という立場で戦うということなので、公認や推薦することはできない。政党が色合いを大きく出さないことが熊本県民にとってよいことなのかも考えた」と述べている。自民・民主両党は候補者優先の戦いを選択した。そして、知事には蒲島が最もふさわしく、彼に勝る候補者はいないと判断したのだ。

熊本県知事選挙
　２０１２年３月25日投票
　　投票率38・44％
当選　蒲島郁夫（65）　無所属現職　50万８９１７票
　　久保山啓介（68）無所属新人　５万２５９１票

投票日前日、蒲島は「4年前と比べて熊本は明るくなった。4年前と比べて熊本は夢が持てるようになった。熊本は未来が見えるようになった」と訴え、4年間の実績に自信を示した。

投票が締め切られるや否や、テレビ局各社は一斉に蒲島当選確実を伝え、蒲島を支持した自民党関係者らが集まった熊本市内のホテルでは、早すぎる万歳三唱が起こった。

再選された蒲島は喜びの笑顔とともに、ときおり目頭を押さえながら「信頼される政治、決断する政治、そうした蒲島県政でありたい」と誓い、２期目4年間の決意を語った。

選挙戦の焦点は投票率、そして蒲島の得票数と得票率となった。蒲島にとっては、前回４年前の選挙で、蒲島以外の保守系の候補者を支援した有権者の票を、どれだけ取り込めるかがポイントのひとつになった。投票率38・44％は過去最低だった。しかし、この要因は蒲島の強さにあった。

多くの有権者は蒲島の信任投票と位置づけ、蒲島の圧倒的な勝利、圧勝を疑わなかった。そのために自分の１票が当選を左右することはないと判断したようだ。蒲島を支持し、蒲島県政を評価する有権者も投票所から遠ざかってしまったのだ。投票率を上げるためには互角の論戦をし、候補者同士が攻め合い、接戦にならなければならない。

さらに今回の選挙は、前回のダム建設の是非などのように、県民世論を二分するような大きな争点がなかったことも投票率低下に拍車をかけた。しかし蒲島の得票数を見ると、前回は33万７３０７票、今回は50万８９１７票で17万１６１０票も伸ばした。蒲島の得票率は前回が46・67％だったのが今回は90・63％に大きく飛躍した。得票率が90％を超えた県知事選挙は少なくとも戦後では初めてではなかったか。
投票率は低かったものの有権者は蒲島の1期4年間の実績を高く評価し、これから4年間の県政運営を託したと判断してもいいのではないだろうか。

投票翌日。テレビ熊本の夕方のニュースに出演した蒲島は「最高の結果に感謝したい」と再選の喜びを語るとともに、低投票率そして自らの得票数と得票率について、政治学者のスタンスで分析してみせた。
「投票率は、本命と見られる候補者と対抗する候補者の差が大きくなると下がるのだ。本命候補者の支持者も安心してしまうのである。今回の場合、有権者の多くは私が再選すると思っていた。政治学で理論的に言うと投票率は28％くらいと思っていた。だから今回の投票率は理論値よりかなり高くなったので満足している」。

蒲島が2回目の当選を決めた県知事選挙は、蒲島と熊本県民の距離を近くするという点では大きな意義があった。熊本県民からすると、選挙を通して蒲島の政策を直接聞く機会を持てた。蒲島からすると、熊本県内を遊説し多くの県民の声を聞くことは、今後の県政運営の参考になった。そして自らが掲げる夢の実現に突き進むことに自信を深めた。

そして2期目の約束として、次のように述べた。

「人々が本当に幸せを実感できるような熊本にしたい。熊本の１００年の礎を作り上げる。将来的な州都構想に備え、熊本の品格と熊本への期待を高め、くまモンを活用して日本、世界での熊本の認知度を高めていく」。

第8章

悲願の九州新幹線
全線開業

九州新幹線＆くまモン誕生！世界のアイドル化成功の裏側

伊藤典昭

東日本大震災の翌日、２０１１年3月12日、その未曽有の災害のニュースの陰で全国的にはあまり報道されなかったが、九州新幹線鹿児島ルートが全線開業した。１９７３年の整備計画決定から38年、２００４年の新八代駅から鹿児島中央までの部分開業から7年。まさに熊本県にとっては悲願の全線開業であった。最速の新幹線では熊本と博多が33分、熊本と大阪が2時間59分で結ばれた。

状況に配慮して静かなスタートを切った。

蒲島はタレントで熊本県の宣伝部長スザンヌとともに、新大阪などから到着した乗客をホームで出迎え、「大地震の犠牲になられた方々のことを思うと手放しに喜べないが、熊本そして九州にとって新幹線の全線開業はものすごくインパクトがある」と語った。

開業して数日間の乗車率は低迷したが、開業3か月で熊本と博多間の利用者は前年比で１３５％。熊本と鹿児島中央間は前年比で１６２％と増加した。

九州新幹線全線開業を１００年に1度のビッグチャンスと捉えた熊本県は、開業前から関西を中心に熊本をＰＲする「ＫＡＮＳＡＩ戦略」を展開した。その先頭に立ったのが蒲島と熊本県が誇るＰＲキャラクター、くまモンだった。蒲島はくまモンとともに吉本新喜劇のステージにも上がり熊本の魅力を伝えた。そしてお決まりのずっこけシーンも見事に演じた。

くまモンの生みの親、天草の出身で放送作家・脚本家の小山薫堂《こやまくんどう》は、くまモンの成功は蒲島の信念と決断が導いたと明言する。「蒲島知事はくまモンの著作権料を取らない方針、使用料を取らない方針を決めた。そのことをくまモンの制作者側に強く働きをかけた」と。さらに「くまモンの成功では、熊本県民を味方にしたことが大きかった。幸福量の最大化の象徴がくまモンであると位置づけた」と分析、「熊本のくまモンが１００年後も日本の、世界のくまモンでいるためには熊本のことだけを考えてはいけない」、「熊本県民の税金を使わず、海外からの使用料によってくまモンを運営することが理想である」と助言する。

九州新幹線全線開業によって熊本県ではストロー現象が起こることが懸念されてい

た。ストロー現象とは、交通網の発達により、その都市が盛り上がることもあれば、逆に衰退する事態となることも指す。熊本から福岡や関西地方への移動時間が大幅に短縮されることで、熊本の経済が疲弊することへの不安が広がっていた。このため熊本県には県内への買い物客、観光客、ビジネス客を呼び込む策を講じることが求められていた。

そこで発足したのが、関西地方や中国地方での熊本県の知名度を上げるための「KANSAI戦略」であった。これを推進する新幹線事業アドバイザーとしても小山薫堂が指名された。小山は熊本県民が日常の驚き、サプライズを発見して熊本の魅力をアピールする〝くまもとサプライズ運動〟を提唱し、日本を代表するクリエイティブディレクターの水野《みずの》学《まなぶ》にロゴデザインを依頼した。水野はロゴデザインとともにキャラクターの展開を提案した。これがくまモンのスタートである。

この提案に熊本県庁内には当初、賛否両論があった。くまモンから熊本県をイメージできるのか不安視する声があった。しかし蒲島は決断し、この提案を受け入れ、くまモンを熊本県のPRキャラクターとした。

くまモンを熊本県のPRキャラクターとした2010年3月に、熊本県はキャッチコピー〝くまもとサプライズ〟そしてマスコットキャラクター〝くまモン〟を発表した。くまモンは熊本県内各地のイベントなどへ積極的に参加し、知名度をアップさせていった。テレビ熊本の『英太郎のかたらんね』など地元放送局でレギュラー番組をかかえている。その人気は九州から日本全国に広がっている。

蒲島はくまモンを熊本県産品のＰＲ会場などに連れ回している。その場でくまモンをＰＲすることで、くまモンの人気を獲得する。

スタートは臨時職員だったくまモンは、営業部長（！）にまで出世した。

当初のくまモンはスリムな体型だったが、誕生からしばらくすると熊本の美味しいものを食べすぎて太ったことで見た目が可愛くなり、赤いほっぺとコミカルな動きによって老若男女を問わず人気を集めている。お膝元の熊本から火がついたくまモンブームは九州全体に。さらに中国地方、関西地方、首都圏へと広がった。

さらにくまモンは活躍の場を日本から台湾、香港、韓国、タイ、インドネシアなど世界に広げ、海外の超一流企業がくまモンに注目している。

ドイツのシュタイフ社が作った〝テディベアくまモン〟１５００体はわずか15秒で完売した。この他、バカラやＢＭＷなどの世界一流ブランドも、くまモン関連商品を製造しヒットさせた。またアメリカの「ウォール・ストリート・ジャーナル」、イギリスの「ガーディアン」、フランスの「ル・モンド」など世界の名だたる大手新聞がくまモンを取り上げた。蒲島が描くくまモンの海外進出は順風満帆のようだ。

くまモンの経済効果を見ると、関連商品の2017年の総売り上げは約1408億7000万円と、6年連続で過去最高になった。

その中で、海外で熊本県の企業が販売した菓子類や麺類といった食品などの売上は前年から2・2倍の約38億8000万円となった。またくまモン関連商品の売上高の累計は、調査を開始した2011年から7年間で5000億円を超えた。蒲島は「くまモンの世界的認知度向上が経済的な面からも確認できている。今後ますます発展することが期待される」とくまモンの成長を喜んでいる。

くまモンはいわば熊本県庁の楽市楽座である。成功した要因には蒲島が県職員を信じ業務を任せたことがある。くまモンの立ち上げ、「KANSAI戦略」に携わったのは、くまモンブランド推進課長の宮尾千加子《みやおちかこ》、同じく審議員の成尾雅貴《なるおまさき》、大阪事務所次長の磯田淳《いそだあつし》らであった。蒲島の命を受けた彼らをはじめ、歴代の担当スタッフが懸命にくまモンの魅力を作り出し発信していった。優秀な人材の能力・意欲を上手く引き出すことができた好例であろう。

熊本市の鶴屋百貨店に隣接する〝くまモンスクエア〟は２０１８年7月に5周年を迎えた。この5年で約２５０万人もが訪れている。香港、台湾、韓国をはじめとするアジア各国を中心に海外からの訪問者も増加している。

まさにくまモン知事・蒲島が誕生させた、くまモンの人気はとどまることを知らない。

現在、熊本県商工観光労働部長の磯田淳は、くまモンが大成功した理由をこう述べる。

「最初にロゴデザインのおまけであったことが幸いしました。くまモンが熊本県を前面に出すＰＲキャラクターでなかったことが功を奏したのです。仮にそうだったら、くまモンの顔は熊本の観光地や特産物をイメージしたものになっていたでしょう。くまモンが熊本県のキャラクターであることは後でわかればよいという蒲島知事の判断がありました」。

さらにくまモンの関西でのデビューを懐かしむ。

「大阪市でくまモンは神出鬼没の設定とするキャンペーンを企画しました。許可を出す大阪市からは熊本県の大阪事務所に対し『熊本県が本当にこんな奇抜なイベントをやるのか』と問い合わせがあったほどです。これまでの行政の常識に縛られない、失敗を恐れない蒲島知事のリーダーとしての創造力の賜物でしょう。くまモンの成功は熊本県民の誇りにつながり、熊本への企業誘致にも貢献しています」。

第9章
3回目の選挙戦

最強の敵、前熊本市長に圧勝

伊藤典昭

2016年3月27日の投票の熊本県知事選挙では、蒲島に前熊本市長の幸山政史《こうやませいし》が挑んだ。3人が立候補した選挙だが、事実上蒲島と幸山の一騎打ちとなった。

熊本県議会議員だった幸山は、2002年の熊本市長選挙に無所属で出馬、しがらみからの脱却、既得権益の打破という過激な言葉を並べ、改革者のイメージを有権者に与え自民党などが推す現職を破った。その後も自民党が支援する候補者らを打破して2014年12月まで熊本市長を務めた。世論の支持が市政運営の基盤にあった。

その幸山が最後の決断としたのが熊本県知事選挙への出馬だった。

選挙は先に3選に向け出馬を表明した蒲島と幸山が対決する格好となった。

熊本でニュース・メディアに登場する頻度が高い政治家は、当然ながら熊本県知事と熊本市長の2人である。知名度が高い、県民の誰もが知っている2人の戦いとなった。

選挙戦の焦点は蒲島県政２期８年の実績の評価。蒲島県政の継続か、刷新かを問うものとなった。

蒲島は「熊本県民との共同作業によって熊本のよき流れを強く大きく」と主張した。

これに対し幸山は「よき流れを感じている人がどれくらいいるのか疑問を感じる」と対決色を鮮明にしたが、蒲島は選挙期間中「熊本県をより強く大きく、一流の県にできる知事候補、次の世代に夢を語る資格のある知事候補は私です」と誰よりも自らが熊本県知事にふさわしいと訴え続けた。

政党や各団体の支援をベースとする「地上戦」「組織選挙」を展開する蒲島と、組織に頼らない無党派層に重きを置く「空中戦」、草の根選挙の幸山の戦いとなった。地域的に見ると有権者の約４割を占める大票田の熊本市、特に無党派層の投票行動が注目された。有権者からすると蒲島、幸山が掲げる政策、そして知事になったとき、それらの政策を実現できるのかを見極める眼力が必要とされた。

熊本県知事選挙
2016年3月27日投票
投票率51・01％
当選　蒲島郁夫（69）無所属現職　50万4931票
幸山政史（50）無所属新人　20万1951票
寺内大介（50）無所属新人　3万3955票

テレビ熊本の世論調査でも蒲島が幸山らに大差をつけていた。今回も自民党に支援された蒲島は、熊本県内全域、そして各世代にも幅広く浸透し、幸山らの追随を許さなかった。

投票日の午後8時過ぎ、当選確実の報が蒲島の支持者らが集まるホテルのテレビにも映し出された。蒲島は富子夫人らとともに喜びの万歳をした。

蒲島は報道各社の共同インタビューに対し「1回目の選挙はみんな新人だったので、どのような人であるのか、またどんな夢を描くのか、そんな選挙だったと思う。2回目の選挙は信任投票であったと思う。今回3回目の選挙は、私の2期8年の実績をベースにして3期目の政権担当能力が信頼されたものだと思う」と答えた。さらに、「私のこのよき流れを止めない、強く大きくしたいという声に対してとても反応が大きかった。そしてもうひとつは青少年に夢と希望を与えるような県にしたいという訴えに多くの方々が反応してくれた。このことが勝因だ」と振り返った。

今回の選挙結果を見ると、有権者は蒲島県政の2期8年を評価したうえで彼の知事続投を望んだ。当初は3選を目指す蒲島に前熊本市長幸山が挑むということで、接戦になるという見方もあった。

しかし蓋を開けてみれば、2・5倍もの大差がついた。蒲島を相手に幸山だからこれだけの票を取れたという見方もないことはない。

特筆すべきは熊本県内45市町村すべてで蒲島が勝利していることだ。幸山が市長を務めたお膝元の熊本市でも、蒲島が17万４４５9票に対し幸山は8万１２９2票であった。幸山の当選のための条件は熊本市では大差をつけることだったが。

幸山に代わって政令指定都市・熊本市の市長を務める大西一史《おおにしかずふみ》。語りかける、訴えかけるスタイルの彼の演説は聴衆の心を惹きつける。市民の声を聞き、スピード感ある行政手腕で市民の信頼を確実に積み上げている。また自民党などの政党、経済団体などとも良好な関係を構築している。大西はこの選挙で中立的な立場を取った。市民の意思を尊重し、投票行動は有権者ひとり一人に委ねるものだった。両候補者への配慮もあった。

なお、大西は2018年11月18日投票の熊本市長選挙で、対立候補を圧倒し2回目の当選を決めた。

熊本市での蒲島の得票数、得票率が知事選挙での蒲島の圧勝を象徴している。また熊本市以外の市町村では自民党主導の組織選挙が蒲島人気を後押しした。

〝最強の挑戦者〟と見られた幸山の敗因は、蒲島を攻めきれなかったこと。蒲島支持者の票をひっくり返すことができなかった。これは蒲島に大きな弱点がなかったことを意味している。「よき県政の流れをさらに強く大きく」と主張する蒲島を前に、幸山の草の根選挙は完全に失速してしまった。投票前に蒲島の勝利を予想した有権者も多くいた。幸山支持から蒲島支持に流れたり、棄権を選んだケースもあったと考えられる。蒲島を相手にした選挙としては幸山の準備期間は短かすぎたようだ。組織選挙の現職を相手としたとき、告示直前に立候補して短期間の勝負に出るケースもあるが、これは現職からひっくり返した票を再びひっくり返されないための戦略である。幸山の熊本市長選挙初当選がこのスタイルではなかったか。

　これまでの選挙で負け知らずだった幸山は「懸命に戦ったが力が及ばなかった。環境が許すのならまた知事を目指したい」と述べ、次の県知事選挙での捲《けん》土《ど》重《ちょう》来《らい》を支持者に誓った。

　県知事選挙前、熊本市長だった幸山がどの選挙に出馬するのか。衆議院選挙なのか参議院選挙なのかそれとも県知事選挙なのか。自民党県連は国政選挙となれば幸山の集票力はあなどれないと警戒していた。しかし県知事選挙であれば蒲島で勝利できると分析していた。自民党県連は、幸山の県知事選挙出馬に安堵したのが本音ではないだろうか。

大差の要因には有権者が蒲島の政策、経歴、生きざま、人柄そしてこれからの可能性を高く評価したことがあるようだが、何よりも一番の集票力となったのは、蒲島の2期8年の県政運営、行政手腕、実績ではなかったか。

人格については、蒲島は議論は十分にするが感情にまかせて怒った姿を見た人はないとの評判だ。人間性に深みがあり、懐が本当に深いという声を聞く。県職員の蒲島への信頼が熊本県民のそれにつながったようだ。

蒲島は選挙前「私が3選出馬を決めたのは続投を強く望む県職員の存在があったからです。彼らを置いて県庁を去るわけにはいかないから」と職員との信頼関係を語っていた。

そして蒲島の組織選挙の指揮を取ったのは自民党県連。幹事長、前川收の組み立てた戦略は用意周到、万全であった。自民党県連の調べでは蒲島の街頭演説会にはのべ5万人が集まった。これは驚異的な数字である。しかも参加者の顔ぶれまで厳しくチェックしていたのだ。

２０１８年1月16日の自民党県連大会で会長となった前川收は、蒲島の候補者力を絶賛する。

「選挙は組織力だけでは勝てない。候補者の力がないとダメなんだ。蒲島氏はパワフルである。そして東京大学教授にまで至る経歴・実績は誰もが認めるものである」。

そして前川は議会としての県執行部へのチェック機能を重視したうえで、蒲島の行政トップとしての力量を高く評価する。

「当初は学者から知事への転身ということで、行政経験がなく一抹の不安もあったが、すぐにその不安は一掃された。県職員ひとり一人の能力を引き出す力は凄い。その点において歴代知事の中でも突出している。他県では、職員が仕事が増えるのを嫌がるという話を聞くことがあるが、熊本県庁では全くない。職員は蒲島知事の元でやる気に満ちている」。

また強固な組織力、確実な集票力を誇る公明党県本部代表の城下広作《しろしたこうさく》は「３度の選挙で蒲島氏を全面的に支援した。県政運営は人間性ある政策を進めてきている。川辺川ダム問題をはじめ苦しいことから逃げない。市町村合併においても各市町村の自主性を尊重している。対話を大事にしている。失点がない」と信頼が厚く、蒲島県政を高く評価する。

蒲島の周辺はこの選挙で、蒲島本人から「絶対に負けられない」という強い覚悟を感じたという。万が一、敗れることになれば2期8年の実績が否定されることにつながるからだ。圧勝することで絶大な信任を得て、3期目の強力なエネルギー源にしたかったのだ。

蒲島は3期目の抱負について、第1の目標は、活力を作ること、雇用を作ることとした。

第2の目標は、アジアとつながること。さらに世界とつながって世界で輝く熊本を作ること。

第3の目標は安心と希望を与えること。

第4の目標は未来の礎を築くことを挙げた。

この4つの目標に立ちはだかる大試練がこの後すぐに蒲島県政に襲いかかってくる

とは、このとき、誰も想像することはできなかった。だが、大ピンチを大チャンスに変えるのが蒲島の真骨頂。

「私は多選も民意・民主主義だと考える。政治の安定、発展拡大を望むのも世論である。有権者の権利である。もちろん議会や行政職員らとの緊張感ある関係構築を前提とするのだが」。

多選は是か非か――首長たちの決断

鈴木哲夫

かつて、地方で放送記者をしていた頃、多くの地方自治体の首長はほとんどがこう話していた。

「任期はどれくらいがベストか？　3期12年だろう。1期目はプランを立てる、2期目はそれを実行に移す、3期目で仕上げて次につなぐ準備をする――。それで完結する」（九州地区の首長）。

3期目に入った蒲島もまた、そんなシナリオを描いているかもしれない。

首長の場合、長く務めることでの弊害ももちろんある。神奈川県知事を2期務めた松沢成文《まつざわしげふみ》（現在参議院議員）は、多選の問題点をこう話している。

「（過去神奈川県知事も多選だったが）県議会が共産党以外はオール与党状態で、行政をチェックすべき議会が応援団になってしまっていた。長期政権で実績を残す首長もいるとは思うが、総じて権力は腐敗し、住民が不幸を被る」。

「議員は自分の選挙区に予算をつけてもらうため首長と仲よくなろうとするし、首長は人事権を握っているので長期政権になると周囲がイエスマンばかりになり、行政はマンネリ化して若い職員がやる気をなくしていく。許認可や補助金の関係で首長と外部利益団体との癒着が始まると、利益をたらい回しにする総談合体制ができ上がり、知事は楽々当選できる。そして県政が県民から離れていってしまう。ルールとして多選は制限すべきだ」。

「２期８年では大きな政策が実現しきれないという面はあり、３期12年が許容範囲かと思う。多選の弊害は４～５期目で出てくる、との声をよく聞く。私も知事を２期やってみて、このまま５期も６期もやれば完全に天狗になってしまう、という感覚があった」（産経ニュース・金曜討論より抜粋）。

松沢は知事時代、自らのこうした信条を条例化し「多選禁止条例」を制定した。また、同じように多選を自粛すべきだという意見は全国の地方自治体の議会でも取り上げられ、前回統一地方選挙が行われた２０１５年の前後には、「市長任期は連続３期まで」などといった条例も制定された。

しかし、多選について禁止や自粛を規定することは、憲法の基本的人権の保障や職業選択の自由に反するとの批判もある。このため各条例は現職の首長のみに適用し次期首長にまでは及ばないようになっていたり、「努力目標」という内容のものもある。

世論はどうか。

実は、多選が盛んに議論されていた2015年に、マスコミなどが加盟する日本世論調査会が全国面接世論調査を実施した。

この中で、知事ら首長の多選を「制限すべきだ」と答えた人は63％で、「制限すべきではない」の33％を倍近く上回った。

さらに多選を制限すべきと答えた人に、何期までが妥当な任期かを聞くと「2期8年」が53％ともっとも多く、次いで「1期4年」が28％。これらを合わせると実に80％を超え、多くの首長経験者たちが「3期12年は必要」とする意見との乖離がみられる。

他の知事経験者たちの声も挙げてみる。

「新しい価値創造ができなくなり停滞します。知事時代、部長が書類を持ってくると私の意向を汲んで上手に書いてあったんですが、忖度ですよ。このままでは、権力者とお仲間による行政になってしまうと思い、2期で辞めました。しかし、業界団体など周囲の人が辞めさせてくれないという現実もありますから、権力者には自戒・自制が必要だと思いますね」（元三重県知事・北川正恭《きたがわまさやす》早稲田大学名誉教授「NHK政治マガジン」より）。

「県庁の組織が停滞し、活力を失うことが一番の弊害でしょう。私自身、活力が失われていくのを感じました。最初は、職員が耳の痛いことも言ってくれたんですが8年もやると誰もモノを言わなくなるんです。知事が気に入る政策を上げてくる、忖度が生まれてましたから、余力があるうちに辞めようと思いました。2期8年で終止符を打つべきです。自分で制御するのは難しいので、地方自治法を改正して法律で制限すべき」（元鳥取県知事・片山善博《かたやまよしひろ》早稲田大学大学院教授「NHKマガジン」より）。

一方で、私が1995年から取材を続けてきた東京都知事は、一般的な知事職とは全く違う様相だ。

日本でもっとも無党派が集積しているのが東京。ここで繰り広げられる選挙は、従来からある政党票や組織票の力をいとも簡単に覆す。過去の都知事選挙で、300万票とか400万票が出るのは、そうした無党派層が大きく動くことで生み出す票数だ。

無党派層にも、政治的意思を持った無党派層と、興味や関心事で比較的浮遊しやすい無党派層がいる。候補者にしてみれば、この無党派層を取り込めるかどうかが、都知事選のカギを握る。劇場型選挙を、意図的か否かは別にして見事に演出すると、グッと勝利を引き寄せる。

ただ、一時のパフォーマンスが奏功してこの無党派層を取り込み当選しても、派手に花火を打ち上げれば上げたほどしっぺ返しも大きい。それらを実行できなければ、無党派は我慢して見守ることはせずに次の選挙ではそのまま大きな批判票に代わる。4年の任期が過ぎれば、あっという間にその知事は自らの座を失ってしまう。

都知事は、本来の仕事と併せて、権力闘争にも直面する。敵は「都議会」と「都庁官僚」だ。

東京都は、税収で財政をまかなうという都道府県の中でも唯一の裕福な自治体。「もうひとつの政府」とも呼ばれ、予算規模は信じられないほど大きい。職員たちは優秀で、霞ヶ関の官僚になぞらえて「都庁官僚」などと呼ばれているが、逆に官僚社会がよく陥りがちな「官僚主導政治」になり、政策が進む場合に、ときに都知事すら相手にせず、都民の存在すら忘れてしまうこともある。歴代知事は、こうした敵と暗闘を繰り広げなければならない。

「そういった意味で、都だけは地方自治体というよりは独立した小国家ですね。多選がどうのこうのといった感覚は生まれない」（都議会自民党幹部）。

ただ、多選については一時の議論の高揚が鎮まっている感がある。

自民党ベテラン議員はこう話す。

「小泉政権のあとに、地方分権の議論が高まり、それに伴って地方自治体の首長のあり方は政治的課題として注目された。個性的な首長が次々に誕生したのもこの頃。ところが、民主党政権が潰れ、国民は安定志向へと意識が変わったのではないか。そこで登場した安倍政権が長期の一強政権になり、地方も国民も国主導で従っていれば安穏とできるという空気になっていると思う。地方でも首長が再選される傾向が増えているのではないか」。

３選の蒲島には、いずれ４選の決断をするときがくる。多選の弊害を克服しメリットを生かしていくのか、または次世代へバトンタッチするのか――。

第10章

2016・4・14

リーダーの力が救った命

伊藤典昭

２０１６年4月14日午後9時26分、震度７の巨大地震が熊本県熊本地方を襲った。震源地は熊本市に隣接する益城町だった。

ＦＮＮフジニュースネットワークをはじめ、すべての放送局がただちに報道特別番組を放送した。

これまでに経験したことがない激しい揺れだった。

県庁近くにある知事公邸にいた蒲島は、走って県庁に向かった。10分程かかったようだ。このときの蒲島にとって初動とは人命救助である。蒲島はすぐさま決断した。自衛隊に連絡を入れ、出動を依頼。こうした自衛隊や警察・消防の迅速な対応によって１７００人が救助された。多くの命を救ったのは蒲島の迅速な決断であったことは、多くのメディアが紹介している。蒲島はこう振り返る。

「地震発生直後に自衛隊への出動要請ができたのは、普段からの信頼関係があったからだ。

大地震発生直後には被害の状況を把握することはできなかった。だが私は直ちに自衛隊に出動を要請した。初動が上手くいき1700人の命を救うことができた。震災対応が後手にならなかった。責任を持って決断するのがリーダーシップである」。

そして4月14日の地震発生から28時間後の4月16日午前1時25分だった。ありえないと思っていたことが起きた。再び益城町を震源地とするまさかの震度7の本震だった。多くの熊本県民は眠りについていた。

私が住む熊本市でも天井が大きく回り、壁が波打った。家屋がメリメリときしむ音がして部屋全体が歪んで見えた。本当に死ぬかと思った。これは多くの熊本県民の共通の感想である。

2度目に起きたのは本震だったが、ちなみに気象庁の発表では、同規模の余震が起きる確率は20％との見解だった。

長い一夜が明け、熊本城のまさに落城したような惨状、阿蘇大橋の無残な崩落など衝撃的な光景に言葉をなくした。これが現実なのかと目を疑った。

熊本県では18万人もが避難した。そして熊本県では50人の尊い命が奪われた。関連死を含めると270人にもなる（2018年11月現在）。

余震が連続する中での震災対応であった。

蒲島は陣頭指揮にあたった。前震の時点で熊本県庁も停電し、エレベーターは動かないから10階の災害対策本部まで駆け上がっていった。県職員を信じ任せた。「蒲島の元で県職員が心をひとつにした。求心力ある蒲島知事だからできることだ」と多くの県職員があの日のことを口にする。

4月15日午前11時、自民党県連は党所属の国会議員と県議会議員を召集した。その中で幹事長の前川收は参加者に対し、大地震発生から72時間は熊本県庁への問い合わせや要望はしないように強く求めた。県庁がまず取り組むべきことは人命救助。これを最優先事項と位置づけた。地震対応に追われる蒲島・熊本県庁職員への配慮であった。

自民党県連会長となった前川收は大地震発生直後の知事室での蒲島とのやりとりを記憶している。

蒲島は前川に、2001年の9月11日に起こったニューヨークの同時多発テロでのジュリアーノ市長の強いリーダーシップを紹介した。「ジュリアーノ市長は事件発生直後、現場に急行し直ちに優秀な警察や消防部隊を投入し人命救助、治安の陣頭指揮にあたった。市民に対しては冷静さと協力を呼びかけ夢や希望を語った」と。2人はこのジュリアーノ市長の危機管理を熊本県も実践することを確認したのである。

蒲島は地震発生から24時間、人命救助に全力を尽くした。水と食料を提供して避難所の確保を急いだ。

本震直後に蒲島が示した対応の3原則は〝被害者の痛みの最小化〟〝創造的復興〟〝熊本のさらなる発展〟だった。この3原則は今も続いている。

この対応の3原則の根底にあったのは2012年の九州北部豪雨だった。

熊本では死者・行方不明者25人を出した。阿蘇では緑の山肌が崩れ、熊本市では一級河川の白川が氾濫し、濁流が住宅地に流れ込み廃墟にした。

蒲島が目指したのは九州北部豪雨の教訓を熊本地震からの復旧・復興に活かしていくことであった。

まだまだ余震が続く4月21日に臨時の記者会見を開いた蒲島は、「〝将来は大丈夫だ〟という将来像を作ることで将来への希望を持ちながらこの苦難を乗り越えていきたい。県民の皆さんもたいへん辛い時期だが、この苦難を一緒に乗り越えてもらいたい」とメッセージを送り、熊本県民を励ました。

そして5月12日、「私の3期目を熊本の創造的な復興に捧げることを決意した」と宣言した。また「常に想定外のことが起きると思いながら対応することが災害多発の時代に必要になる」と訴えた。

一方でのちに蒲島は〝避難所運営のマニュアルが不備だったこと〟〝政府から食料が送られてきたが被災者に届ける手段が少なすぎたこと〟などを課題として挙げた。

こうした中、熊本県には国内外から温かい支援が続々と届いた。

実は、蒲島は筑波大学と東京大学の教授時代に、松下政経塾の理事で京都大学教授の高坂正尭《こうさかまさたか》から6期生への授業の依頼を受けていた。松下政経塾は松下電器産業（現在のパナソニック）の創業者である松下幸之助《まつしたこうのすけ》が設立したものだ。

蒲島は回顧する。

「講師として日米自動車摩擦に関するケーススタディを行い、塾生に学問の奥の深さを教えることができました。その6期生の学問に対する真剣な取り組みに恐れをなした7期生は、自己学習を希望したので次の授業は行いませんでした。

7期生の姿勢に批判的だった8期生は、東京大学の京極純一《きょうごくじゅんいち》教授をはじめ、より最高のメンバーでの授業を望んだので、授業を再開することにしました。実は8期生の最終選考には私も関わり、その中には前原誠司《まえはらせいじ》元国土交通省や玄葉光一郎《げんばこういちろう》氏がいました。

私の選考基準はどれほど学問に誠実であるかであり、それは成功したと言えると思います」。

東日本大震災で甚大な被害を出した宮城県の知事、村井嘉浩《むらいよしひろ》も蒲島の教え子のひとりである。その村井は5月12日、熊本県庁に旧知の蒲島を訪ねた。村井はそれまでに宮城県職員を熊本の被災地に派遣していた。

宮城県からの見舞金を贈った村井は「東日本大震災のノウハウを活用してほしい」と語り、熊本の復興が軌道に乗るまで宮城県としてサポートすることを約束した。

これに蒲島は「みなし仮設住宅（被災者が無償で入居する民間の賃貸住宅のこと。応急仮設住宅の一種とみなされる）の確保や廃棄物の処理など被災者の暮らしに直結した支援をいただいている」と感謝の気持ちを述べた。

一方、熊本城を復興させる政府の枠組みがなかった。そこで蒲島は首相の安倍晋三に熊本城の再生を要望した。安倍は「熊本城の再生無くして、熊本地震からの復興はない」と記者団に語った。これが政府だけではなく、日本中からの支援につながった。

のちに蒲島は支援要請について次のように語っている。

「本震後の4月16日、午前3時47分、内閣府防災担当の大臣に物資支援を要請した。自衛隊員も通常予定される3倍、水・食料も3倍でお願いした。送る方もこんなに送っていいのか。余ったらどうしよう、などといろいろ悩むので。とにかくたくさん送ってほしいと言われて安心して送ることができたとの話もあった。集まっている物資の映像を見て、水や食料が近くまで来ているという安心感は県民の中にあったと思う。政府によるプッシュ型の支援は県民に希望を与えるうえでも効果的だった」。

そして2016年8月、熊本地震からの創造的復興に向けた4つの柱を打ちだした。これは4つの創造から成っている。

①住まいの創造——1日も早い生活再建
②仕事の創造——商工業などを再生
③熊本の宝の創造——阿蘇・熊本城などを再生
④世界とつながる創造——阿蘇くまもと空港・八代港の機能強化であった。

熊本地震発生時、副知事だった村田信一は「それまでの2期8年間の蒲島知事の実績と人脈構築がチーム熊本を作りあげた。知事、県職員、県議会議員、熊本県関係の国会議員らがひとつにまとまって地震からの復旧・復興にあたることになった」「蒲島知事は決断し責任は自分が取るとした。このことで熊本県職員は創造的復興の旗印のもとにアクセルを踏み続けることができた」と分析する。

また村田は玉名郡南関町の産廃処分場の建設にも尽力したひとりである。

村田は「建設にあたって蒲島知事は地域住民と交渉をし、説明責任を果たした。地域の意向を最大限に尊重して処分場を建設した。この産廃処分場によって熊本地震で出た大量の廃棄物を処理することができた。もしこの処理場がなかったら大変なことになっていた。蒲島知事には強運がある」と語った。

そして当時知事公室長で現在副知事の田嶋徹は、知事蒲島の沈着冷静な指揮が熊本を救ったと強調する。

「余震が続き県庁の対策本部も混乱しそうになりました。しかし蒲島知事は落ち着いていて理性的でした。笑顔を絶やすことなく職員が緊張しないように、仕事がやりやすい環境を作っていました。有事の際に一番困ることは〝船頭多くして船山に登る〟状態ですが、蒲島知事は方針を明示して、高度な知識経験を持つ県職員を信じ任せます。さらに驚いたことに震災発生からすぐさま有職者会議を立ち上げ、復旧復興のシナリオを描いて、先手先手を打っていきました」。

また副知事の小野泰輔は初動が上手くいったと振り返る。

「蒲島知事は有事の際、最も大切なことは初動であると説いていました。そして自衛隊との協力関係を構築していて、年2回は自衛隊幹部と意見交流の場を持っていました。都道府県知事の中で自衛隊との協力関係を築いている点では蒲島知事が一番ではないでしょうか。大地震発生後の初動・自衛隊の救出作業によって多くの命が救われたことで、初動がいかに大事かを実感しました」。

さらに熊本県知事公室長の坂本浩はこう話す。

「内閣府の松本文明《まつもとふみあき》副大臣が政府の代表としてリーダーシップを発揮されました。副大臣の強い要請で電気・ガス・水道など、ライフラインの早期復旧が重点事項となり、復旧のスピードは加速しました。

蒲島知事はいまがどんなに暗くてもトンネルの先の明かりを見せる誘導型のリーダーシップを持っています。熊本地震は暗いトンネルですが、創造的復興という明るい未来を示してもいます。そのことによって県職員はひとつにまとまっていると感じました」。

現場重視の蒲島が官邸に反発
「政府が本来やるべき災害対応」とは

鈴木哲夫

こんなことが起きた。

最初の大きな地震が発生した2016年4月14日。その夜、熊本市内や益城町では倒壊した家屋から逃げ出した人たちが役場の駐車場や学校の校庭などにビニールシートを敷いて一夜を過ごした。

ところが熊本地方に雨の予報も出たことから、15日、官邸に安倍首相以下陣取っていた政府の対策本部は、屋外に避難していた住民らを体育館などとにかく建物や家屋の中に移動させるように指示したのだった。指示は、熊本入りしていた内閣府の副大臣松本文明を通じ地元自治体に伝えられた。

ところが、なんとこれに一石を投じたのが知事の蒲島郁夫だった。

「現場の気持ちがわかっていない」。

松本に対してそう言ったのには理由があった。避難住民は何も好き好んで屋外にいたのではなかった。被災地にしかわからない、そこには恐怖があったのだ。

「避難所が足りないわけではない。余震が怖くて部屋の中にいられないから出たんだ。激しい揺れで家屋がミシミシと音を立てて、現に多くが潰れている。恐怖があるからこうして外にいる。それを建物に入れというのは現場の気持ちがわかっていない」。

そう主張する蒲島に松本は「中央から、屋外避難は解消してくれと強く言ってきている」と弁明したという。今回、官邸は、現場に派遣した松本を、あくまでも官邸側の連絡要員と考えていたのではないか。官邸が決めた屋内避難を松本はそのまま現場に伝えたのだった。

このことは、官邸が災害の「危機管理の基本」をいまだに理解していないことが露呈し、まさにこれに一石を投じた蒲島とのぶつかり合いだったのだ。


その「基本」とは何か。

それは、災害対応というのは「徹底した現場主義以外にない」ということだ。

現場のことは現場にしかわからない。いま何が起きているのか。被災者が何に巻き込まれているのか。その心理状態は？　いま一番欲しいものは……。場合によっては、法律や行政の平等性をも無視して、人命を第一にやるべきこともある。それがすべてわかるのは現場だ。遠く離れた官邸などではない。蒲島はそう言いたかったのだ。

熊本地震は、4月14日に最初の揺れ、そして約28時間後の16日深夜には最大震度7の本震と、変則的に次々と熊本を襲った。死者は関連死も含めて270人（2018年11月現在）。益城町や阿蘇町などでは家屋はもちろん橋梁や道路なども崩れ、歴史的な熊本城も傷を負った。いまなお仮設住宅で暮らす被災者も3万8000人（2018年5月現在）もいる。

現場第一主義を訴えた蒲島だったが、過去にも同じような教訓が残っている。それは、1995年1月に起きた阪神淡路大震災のときのことだ。

かつて危機管理のエキスパートだった故後藤田《ごとうだ》正晴《まさはる》元副総理は、大震災直後に官邸を訪ね、初動が遅れ右往左往していた当時の首相村山富市《むらやまとみいち》にこう告げた。

「天災は人間の力ではどうしようもない。地震が起きたことはどうしようもない。しかし起きたあとのことはすべて人災。やれることは何でもやれ」。

この「起きたあとはすべて政治による人災」とは、まさに大災害の際に政治が自らに厳しく課すべき言葉で、これ以上の名言はないと思う。

村山はやれることは何かを考えた。そしてこんな結論を出した。

「現場から離れた官邸では結局何もわからない。ならば現場に決定権を持つ政治家を派遣しよう。そこで現場にしかわからないことを現場ですべて判断してもらって、最優先ですぐに着手しよう。法律違反というならならあとで法律を作ればいい。自分は危機管理の力はないかもしれないが、すべての責任を取るということならできる。現場で決め、その責任はすべて取る」。

そこで村山は、当時自社さ政権だったこともあって、自民党の小里貞利《おざとさだとし》を現場に派遣した。当時、官房副長官だった石原信雄《いしはらのぶお》は霞が関の各省庁から事務次官クラスを選び、小里とともに現地に派遣した。つまり、現場に、何でも現場で判断して決める、いわば「もうひとつの政府」を作ったのだった。

この瞬間から現場の対応や復旧が飛躍的に進んだ。

今回、残念ながら熊本にそれなりの決定権を持った政治家はいなかった。副大臣が派遣されていたが、それはあくまでも政府の伝令役であり、逆に被災地と一緒になって、いやむしろ被災地の先頭に立って、官邸に向かい「こうしろ、ああしろ」と言う立ち位置であるべきだったのではないか。官邸や副大臣に、そうした意識があったのか、改めて問いたい。

官邸が阪神淡路の教訓をおさえ、そうした政治家を派遣し第一義的に現場に判断を任せていれば、「屋内に移れ」などと揉めるトラブルは起きなかったはずだ。逆に被災地の気持ちを理解して「屋外でいこう」と決め、官邸へ「中には入れない」と伝えたはずだ。官邸は、それを逆に現場から聞かされ、それを優先させ、雨が降るというなら、屋外用のテントでも何でも手を打てばいいのである。

「具体的にはどうするべきだったか。たとえば現地に、安倍首相の分身というか副総理格の政治家を派遣してしばらく常駐させる。安倍さんは、『現地のことはすべて現地で決めていい。責任は取る。必要ならオーバールールでいい』と現場に権限や予算も与え、自分がその責任を取るという二人三脚の体制が望ましかった」（自民党閣僚経験者）。

今回、中央省庁から現地に入った官僚9人で「K（熊本の頭文字）9」というミニ霞が関を作り県と連携した。ただ、そこにはさらに政治決断できるいわばもうひとりの総理を置くべきであった。

また、こんなこともあった。当初は安倍首相が即現地に入りたいと言い出したが、これも実は問題である。

東日本大震災の際には、当時の菅直人《かんなおと》首相が現地に入りひんしゅくを買った。「首相が行くと警備体制などどれだけ人手がとられるか。そもそも、危機管理上最高責任者がフラフラ動いていては指揮や判断はどうするのか。現場に行かせるのは自分の分身。危機管理のときにトップが何をすべきかわかっていない」（自民党幹部）。

熊本地震では、安倍首相の現地入りしたいという意向を聞いた熊本県の自治体幹部や総務省の官僚らが連携し、「早期現地入りは現場の受け入れ態勢ができていない」と進言し思いとどまらせたのが真相だ。

また、今回本震の方があとにきて被害を大きくしたことなどを考えれば、「予知」の充実は必須だ。火山噴火研究機関や大学への補助金がまだまだ少ないことを改善すべきだし、気象庁をいまの国土交通省管轄から首相直轄にするために内閣府に置くことも一考すべきだ。予知、予報から避難行動まで危機管理上の一貫性を確保することで、素早い災害対応ができるはずだ。

もちろん、これまでの災害が教訓として熊本に生かされた部分もある。代表的なのは自衛隊や消防などの初動だった。

「行方不明者の捜索や倒壊家屋の復旧、道路の確保、避難所での炊き出しなど自衛隊の初動は地震のたびに早くなってきている。これは阪神淡路大震災の際の反省。県境まで来ていながら首長から出動要請がないから入れなかったという失態があったが、その後指揮命令体制も整備され、日頃からの自衛隊と地方自治体との連携の訓練などが実を結んでいる」（内閣府OB）。

蒲島は、いま復興へリーダーシップを発揮しているが、「創造的復興」という理念を掲げる。

これは、東日本大震災で被災した宮城県の村井嘉浩知事も目指してきたものだ。単なる元通りではなく、そこに付加価値をつける。新たな経済の仕組みや文化を生み出す復興だ。

たとえば宮城県は水産業の復興で、漁業権などの問題を解決させ、新たに民間企業が参入できる仕組みを作った。

かたや熊本県は、たとえば壊れた阿蘇くまもと空港の建て替えで国内線・国際線のビルを一体化し、民間の知恵と資金を活用する「コンセッション方式」での復旧・復興を目指している。

災害は2018年にも多く起きた。地震だけではない。異常気象による豪雨や猛暑といった自然災害もまた人命や財産を奪う有事と言っていい。

ここでも、政府の対応には問題があった。

7月の西日本豪雨では、あれだけ現場中心主義が叫ばれてきたにもかかわらず、防災担当相を現地入りさせたのが2日後。

さらにこのとき、安倍首相は、被災自治体の要請を待たずに支援物資をどんどん送るプッシュ型支援を指示したが、過去、新潟中越地震で現場を仕切った当時の長岡市長の森民夫《もりたみお》などは、「物資が来ても、現地の職員は手一杯。それを管理し配る余力などない。決断して支援を断った、それが現場の現実」と語っていた。そうした教訓は、プッシュ型とは相容れないことを政府はわかっているのか。またしても、地方自治体へのしわ寄せとなってしまった。

災害が起きれば避難命令の決断など一気に責任を背負い込む知事や市町村長など地方自治体の首長に対して、一層の権限やバックアップ体制が必要だ。政府はこの法制化が急務ではないか。グズグズしていると必ずまた犠牲者が出る。

そして、災害のそのあとの復旧・復興もまた自治体の首長にのしかかる。

災害の主軸は地方自治体。蒲島には自らの唯一の体験と処方箋を日本全国に教訓として発信する役目も負っている。

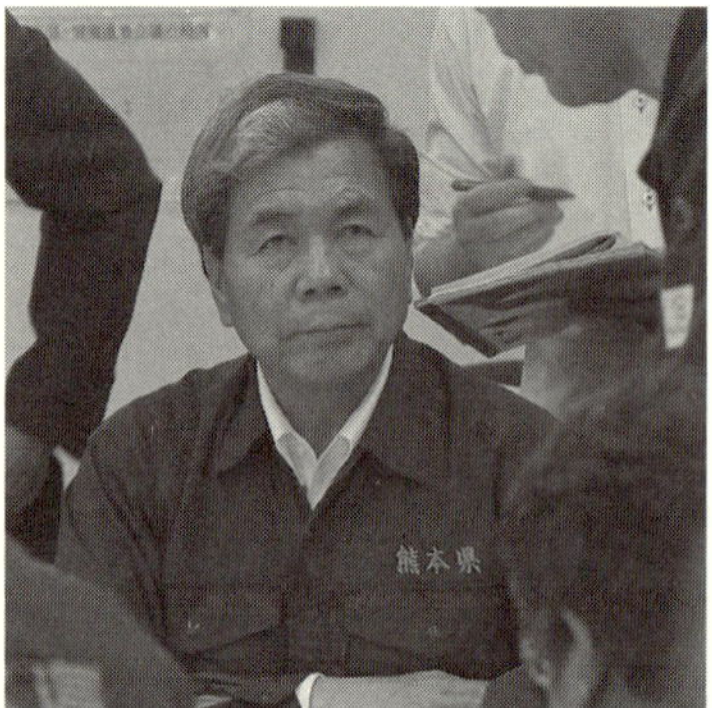

第11章

度重なる困難に立ち向かう

素早い対応が被害を最小限に食い止めた……………伊藤典昭

２０１６年、未曾有の被害を出した熊本地震からの復旧・復興にあたっている最中、熊本県に次々と大きな困難が襲いかかった。

６月の集中豪雨、10月の阿蘇中岳の大爆発、12月の鳥インフルエンザの発生である。この大きな困難に対しても蒲島は先手先手を打っていった。スピード感ある決断をしていった。

２０１６年11月22日、熊本県は緊急会議を開いた。これは鹿児島県出水市で死んだナベヅルから鳥インフルエンザウイルスが確認されたことを受けてのものだった。

熊本県は養鶏農家に対して農場に入る車の消毒、野鳥の侵入を防ぐネットの設置、早期通報の徹底を呼びかけた。

またこの日、熊本県は冬の渡り鳥シーズンに合わせた鳥インフルエンザの発生に備えた防疫演習をした。

そうした中、年の瀬も押し迫る12月26日だった。玉名郡南関町の養鶏場のニワトリ50羽が死んでいるのが見つかった。熊本県はただちに遺伝子検査を行った。その結果、毒性の強い「高病原性鳥インフルエンザウイルスH５亜型」を検出した。

熊本県はすぐさま感染拡大を防ぐため９万２０００羽の殺処分をした。殺処分は熊本県職員と自衛隊員があたった。

さらに該当養鶏場から半径３キロ以内にある養鶏場などで、ニワトリの卵の移動を制限、半径10キロ以内では搬出を制限した。そして周辺の道路９か所に消毒ポイントを設けた。

陣頭指揮にあたった蒲島は12月29日、記者会見し、殺処分が終了したことを報告した。殺処分は鶏舎を消毒する作業から始め、作業開始から39時間半後の28日午後８時30分に完了していた。

蒲島は目標としていた72時間以内から作業を大幅に短縮できたことについて初動が早かったことなどを挙げた。こうした熊本県の明確で迅速な対策もあってこの冬、鳥インフルエンザの被害が拡大することはなかった。

蒲島は後にこう語っている。

「ニワトリが死んでいたのが見つかって、検査結果を待っていたのでは遅いのだ。すぐに殺処分できるように、検査結果が出る前に問題の養鶏場で作業員が待機しておく必要があった。もちろん鳥インフルエンザでなければ動員したスタッフの人件費・薬品代が無駄になるかもしれない。勇み足になるかもしれない。しかし、リーダー・知事として必要なことは責任を持って決断することなのだ」。

また蒲島には地場の製薬メーカー〝化血研（化学及血清療法研究所）〟の存続問題が襲いかかってきた。2015年5月、血液製剤を不正に製造していたことが発覚し、財団法人存続の危機に陥った。

蒲島は企業として熊本に残すため、また従業員の雇用を守るために奔走した。熊本県庁の力を総結集した。厚生労働省と粘り強く交渉し、熊本県の条件を受け入れてくれる、受け皿となる製薬メーカーを探した。そして熊本経済界のリーダーの強い後押しを受けて2018年7月、明治ホールディングスと熊本県内の優良企業7社、さらに熊本県が出資しての新会社〝KMバイオロジクス〟への事業譲渡を成功させた。

熊本の地でＫＭバイオロジクスは、世界の人々の健康を守る、社会的貢献を果たす、世界に挑戦する日本を代表する製薬会社としてスタートした。

蒲島は時間的な緊張感を持ち県政運営にあたっている。いつまでに何をやるのかというイメージを作って実践しているのだ。

蒲島の周辺の人たちには、すべてが前向きな姿勢に映る。

蒲島は県職員に対し、業務を野球のバッターにたとえて鼓舞する。

「空振りはよいけど、見逃しは絶対にダメだ」と。

第12章

熊本県の海外戦略

粘り強い交渉力でウィンウィンに……………伊藤典昭

２０１５年6月17日、蒲島は台湾でトップセールスをした。熊本県内の経済団体の代表たちと台湾を代表する航空会社チャイナエアラインを訪れ、熊本と台湾第2の都市・高雄との定期便開設を求めた。これまでチャーター便の実績を上げていたからだ。しかしチャイナエアライン側は定期便開設に難色を示した。だが蒲島は諦めない。繰り返し熊本への定期便開設のメリットを訴えた。

同席していた熊本経済同友会代表幹事の本松賢《もとまつまさる》は回顧する。

「定期便開設をこの席でまとめるのは難しいと思った。しかしチャイナエアライン側は蒲島知事の熱意に押された。定期便就航の条件を引き出したのだ。知事の絶対に引かない姿勢・交渉力には驚いた。熊本県のトップセールスマンだと実感した」。

チャイナエアライン側は「定期便は50年と言わず１００年続けたい」と約束した。

熊本が九州の空港では初めて高雄との定期便開設を成功したことについて、熊本県交通政策課の小金丸《こがねまる》建《たけし》政策監は「誘致で熊本が結果的には半歩進んでいたということになる。今後は経済交渉・ビジネス交流をさらに進めていく必要がある」と話した。その一方で「熊本空港の駐機場・エプロンは不足している。エプロンの拡充を国に要望している」とも語る。

熊本県の国際交流では２０１６年11月17日、世界的に有名なリゾート地インドネシアのバリ州と国際交流を進める覚書を結んだ。

これは前年の６月に蒲島がバリ州のパスティカ知事を訪ね、２人の会談の中で決まったものだった。

この熊本県とバリ州の交流の背景には蒲島と親交のあるスリアワン洋子の存在がある。彼女は熊本県出身で、夫のルディとともにジャカルタ、バリなどでのホテル経営や通信事業を展開している大実業家。熊本への郷土愛が強い。熊本地震による甚大な被害に心を痛め、熊本県に物心両面の支援を続けている。お互いの行政手腕、経営手腕を通してスリアワン夫妻と蒲島は信頼関係を構築している。

こうした動きと連動する形で、熊本経済界の代表が2017年9月14日バリ州にパスティカ知事を訪ねた。この席で、熊本商工会議所副会頭の久我彰登《くがあきと》は熊本地震後の復興需要で労働力が不足していることを説明し、バリ州からの人材派遣を求めた。これに対しパスティカ知事は「経験者・技術者をどんどん熊本に送って皆さんと協力したい」と要望を快諾した。

熊本県が国際交流の覚書を締結したのはこのバリ州の他には、シンガポール、上海、中国広西チワン族自治区そして前出の台湾の高雄がある。

前出の熊本県商工観光労働部長の磯田淳は、蒲島外交はウィンウィンの関係構築がベースにあるとする。

「これまで海外との交流は一方通行になることが多かった。だが蒲島知事の姿勢は熊本県と相手の都市がともにウィンウィン、共生の関係になることだ。また国際感覚豊かな蒲島知事自身の魅力が外交の大きなチャンスにつながっている」と。

第13章

100年先を見据えた判断

創造的復興のシンボル「熊本空港」

伊藤典昭

〝ピンチをチャンスに〟これは蒲島の信念である。熊本地震という大ピンチを、復興の流れを興すことにつなげるものだ。

熊本地震震源地の益城町にある熊本空港は、天井が落ちるなど大きな損傷を受け一時、ターミナルビルは閉鎖されてしまった。

2016年12月6日、蒲島は熊本県議会で熊本空港の新ターミナルビル建設を明らかにした。空港の運営は〝コンセッション方式〟を導入することにした。これは国が土地の所有権を持つものの、滑走路やターミナルビルの運営は民間に委託するものだ。蒲島は「甚大な被害を受けた空港のターミナルビルの本格的な復旧復興は、50年先、100年先を見据えて判断しなければならない」と語った。

国内線と国際線が一体となったターミナルビルを、熊本地震からの創造的復興のシンボルとして位置づけた。

蒲島は2018年1月放送のテレビ熊本〝ビッグ討論会〟で次のように大空港構想を語った。

「私が考える空港のイメージは空港都市の形成である。空港の中に企業があったり、田園風景があったり、住居があったり、ゴルフ場があるような美しい空港だ。熊本空港は九州自動車道の近くにあり、九州の物流の拠点になる。大分と熊本を結ぶ中九州横断道路も計画中。宮崎から熊本を結ぶ九州中央自動車道も整備が進んでいる」。

「再建する熊本空港には、計画の段階から民間の知恵と資金を活用する。そのことで空港が発展し、それが熊本県の発展につながる」。

「熊本空港へのアクセスの問題では鉄道を考えたい」。

「世界とつながらないと熊本県の発展はない。世界とつながる熊本をこれから設計するために空港はとても大事だ」。

そして2018年9月20日、熊本県は熊本空港へのアクセス改善に向けて3つの案を示した。いずれの案も熊本空港からJR熊本駅までの区間としている。つまり鉄道

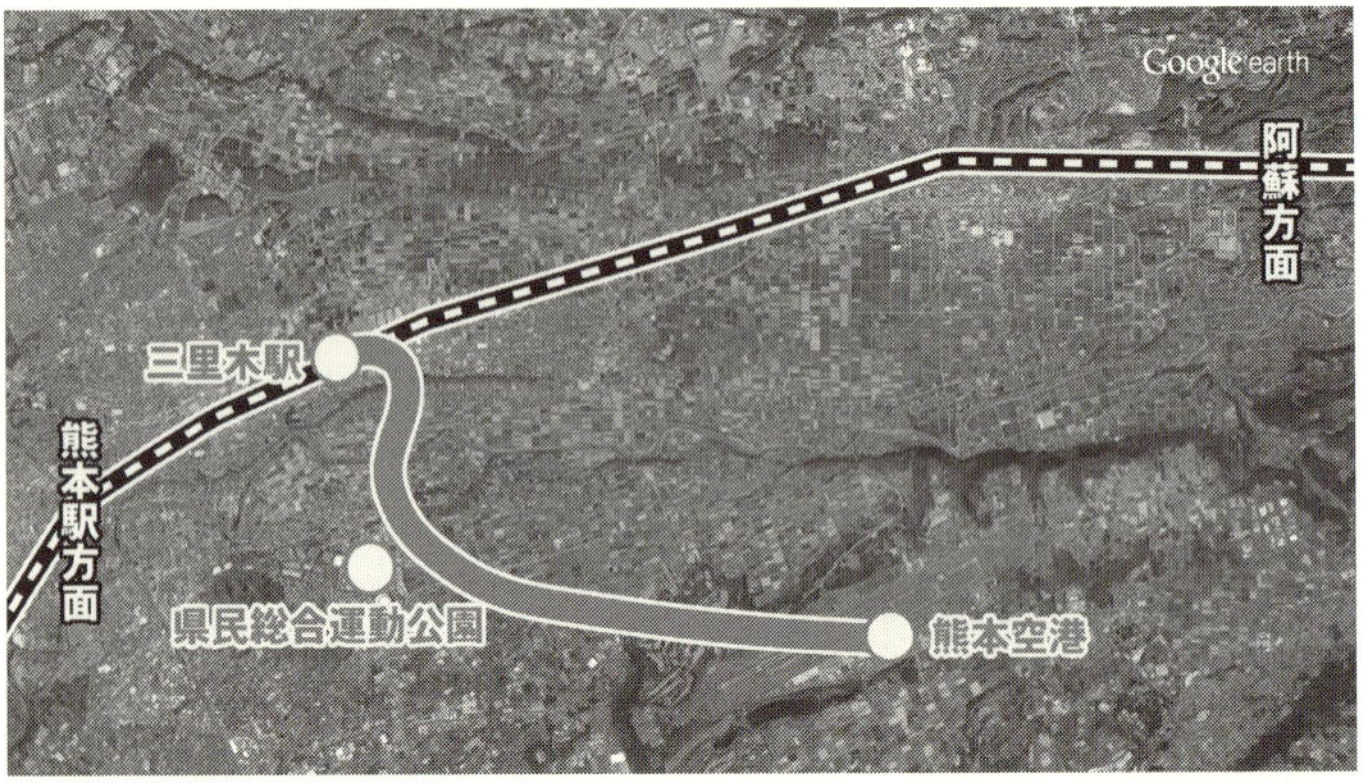

はＪＲ豊肥線からの延伸、熊本市電は健軍電停からの延伸、モノレールは熊本空港と熊本駅を結ぶものである。事業費はＪＲ豊肥線からの延伸が300億～400億円。熊本市電の延伸が200～300億円と試算。モノレールが2000億～3000億円、2案と比較して多額の費用が必要となる。輸送力は豊肥線延伸とモノレールが十分あるとした。

熊本空港までの時間は、鉄道とモノレールはリムジンバスに比べて時間短縮が見込まれるが、熊本市電はリムジンバスより長くかかると見ている。

それから、2018年12月5日、熊本県議会で菊陽町のＪＲ豊肥線三里木駅から分岐延伸で熊本空港を結ぶ構想を明らかにした。その理由として蒲島は定時制、速達性、大量輸送に優れ、事業費を相対的に低く抑えることができることを挙げた。

合わせて、採算性が見込める鉄道の延伸が、最も効果的で早期に実現できる可能性が高いことを挙げ、ＪＲと本格的な協議を深めていくと決意を語った。

また熊本空港への鉄道延伸に連動して、蒲島は県民総合運動公園へのアクセス改善を図るため、近くに中間地点の駅を設ける考えも示した。

蒲島は「熊本駅への交通アクセスは、熊本県の将来の発展という観点から50年、１００年先を見据えた抜本的な改善が必要だ」「私の3期目（２０２０年4月まで）の任期中に道筋を作ることができるように、時間的緊迫性を持って進める」と強い意欲を示した。

熊本経済同友会代表幹事の本松賢は提言する。「熊本イン福岡アウト、福岡イン熊本アウトも視野に入れないといけない。福岡空港はもはや増便することは厳しい状況にある。また、福岡空港においては新しい路線の開設は難しい。そこに食い込んでいかないといけない。熊本空港への鉄道延伸や、九州高速自動車道からつながる大津町を起点にすれば、熊本空港と福岡空港の時間的距離は大幅に短縮する。蒲島知事と福岡財界の太いパイプも力強い」と熊本空港そして空港周辺も含めた一体的な開発・創造的復興に大きな期待を寄せる。

副知事の小野泰輔は、創造的復興を目指す熊本空港の過程を説明してくれた。「東北大震災後に国土交通省は空港の民営化を目指した。仙台空港に続き福岡空港も民営化された。熊本空港も国土交通省から民営化を打診されたが、民営移行には経費面などでリスクがあると判断していた。しかし熊本地震によって状況が大きく変わった。ターミナルビル建設が必要になったのだ。そこで採用されたのがコンセッション方式だった。時代の流れである。熊本地震が熊本空港の飛躍のきっかけとなった。まさに大地震が創造的復興の機会を与えたことになった」。

そして同じく副知事の田嶋徹は、コンセッション方式の導入により熊本空港は大きく発展すると期待する。「国内線と国際線が一体となるターミナルビルが完成すれば、現在約300万人（年間）の利用者が500万人まで伸びる可能性がある。そのためには空港への定時制の大量輸送機関の確保が絶対条件となる。費用対効果からするとＪＲの延伸がベストの選択ではないか」。

熊本と日本各地をつなぐ、また熊本と世界各地を結ぶ熊本空港へ。熊本地震からの復興のシンボルとしてスタートした熊本空港。空港周辺の開発を含めた未来へのシナリオを描いたのは蒲島であった。逆境に果敢に挑み、チャンスにする蒲島の後世に残る決断の象徴が熊本空港である。熊本地震という大ピンチを、創造的復興という大チャンスにつなげる蒲島が描いた熊本の１００年の大計。この戦略が熊本県の未来への羅針盤になるようだ。

熊本県の人口は約１８０万人である。しかし何も対策を講じなければ２０６０年には１２０万人まで減少してしまう。これを１４０万人で食い止めようというのが蒲島熊本県政の指針である。蒲島は子どもを産み育てる環境を作り、若者に働く場を設け、高校・大学などを卒業した後に、熊本で暮らしていくことを選択できる熊本作りを目指している。

熊本県庁の知事室の壁には蒲島の2つの座右の銘を書いた紙が貼られている。古代ギリシャの哲学者ソクラテスの格言である。自らの政治姿勢を冷静に見つめ直している。蒲島政治の基点である。

格言のひとつは「政治家やその志望者の中には、政治というものは非常に習得が困難であるにもかかわらず、訓練もせず、勉強もせずに突然、勝手に政治の達人になれると考えている者がいる。まことに不思議である」。

蒲島は、リーダーになるには十分な知識を持つこと、事前の準備が必要であること、結果を残すためにはしっかりとした準備をしなければならないこと、そして自分に足りない点を補ってくれる人脈の構築が必要である、と言う。

大地震後に召集した有権者会議のように、国がその発言を否定できないような高度な専門知識を有する優秀な人材を集めるのもリーダーシップである。いざとなったらマニュアルがあってもどうすることもできない。決断も対応もできない。リーダーになる条件を整えていかなければならない、と説く。

一朝一夕には人々を守り人々を幸せにできるリーダーにはなれない。高い目標を実現するには日々の自己研鑽が必要であると。

ふたつ目のソクラテスの格言は「君主というものは己のためにではなく、己を選んだ者たちの幸福のために選ばれるのだ」。

この君主は現代では行政の長・リーダーに言い換えられる。

蒲島はこの格言を知事3期目への出馬会見で引用し、蒲島県政の目標は熊本県民の幸福量の最大化であり、これを最優先する政治を熊本県民に約束した。

また蒲島は熊本県庁職員の中に、挑戦的な文化が根づいたことを誇りにしている。知事就任当初はそれまでの慣例にとらわれて「できません」ということもあったが、次第に考え方が柔軟になり、難題に対し果敢に挑戦する集団に成長した。熊本県民が選んでくれた私の考えを県職員が共有することによって、県民の幸福量は増していく、その動きは加速していくのだと。

ここで世論調査のひとつを紹介する。慶応大学の小林良彰《こばやしよしあき》教授が2016年の参議院選挙後、全国2218人の有権者を対象に47都道府県知事への信頼度を調査したものだ。10点満点で蒲島は7・7、全知事の中でトップであった。ちなみに全知事の平均点は4・7だった。

政治家、行政のトップにとって必要なことは、人間力・魅力である。蒲島の場合は大きな夢を追い続け実践していくことがそれにあたる。このことで多くの熊本県民の支持を得て、議会との信頼関係を構築し、県職員から人望を集め、県民の幸福量の最大化という絶対にブレない方針を示し実践している。貧しかった少年時代から東京大学教授を経て熊本県知事となった蒲島郁夫。同じ高さの目線で相手の心を捉え、共感させることが蒲島政治の原点である。

逆境の中にこそ夢があるとする蒲島の人生そのものが、熊本の創生・大飛躍につながっていくのかもしれない。

付章

東京大学時代の人脈が熊本のブレーンに

テレビ熊本『ビッグ討論会』からの提言……伊藤典昭

テレビ熊本は2010年から、正月に熊本の可能性を探る番組『ビッグ討論会』をスタートさせた。正月に熊本県知事の蒲島、日本を代表する学職経験者、そして九州経済界のリーダーとも言うべき九州電力の松尾新吾《まつおしんご》が鼎談するものだ。議論を交わし、蒲島県政に提言し、熊本県がこれから進むべき道をあらゆる角度から探っていく。その貴重な提言をここでまとめてみよう。

※肩書きは当時のものである

2010年 ――熊本 夢の実現へ――

北岡伸一《きたおかしんいち》　東京大学法学部教授

「世界の中で、アジアの中で熊本がどういう位置にあるのかイメージをして、戦略的な発信をすることが望ましい」。

「熊本が農業を生かして発展をするだけではなく、その経験を世界と共有する姿勢を出してもらいたい」。

松尾新吾　九州電力会長

「農家も企業を活用する。企業も農業に目を向ける。そのことを知事がリードすれば熊本の農業はさらに発展する」。

2011年 ――熊本 夢の実現へ――

御厨《みくりや》 貴《たかし》　東京大学先端科学技術センター教授

「九州新幹線全線開業によって、空間的には遠いが時間的には近くになる。心理的な効果は大きい。どこにでも飛び込んで行ってトップセールスをする蒲島氏には感心する」。

松尾新吾　九州電力会長

「福岡との絆を熊本は大いに活用すべきである。福岡はどちらかと言うと商業都市、熊本は昔から政治や行政そして歴史的文化の中心である。両県の交流が九州全体の発展につながる」。

2012年 ――逆境の中にこそ夢がある――

五百籏頭真《いおきべまこと》　東日本大震災復興構想会議議長　防衛大学長

「陸上自衛隊の東北方面総監は東北の6県を管轄している。東日本大震災で2万6000人が生存救出されたが、そのうちの1万9300人は自衛隊が救出した。いい仕事をしたと思っている」。

松尾新吾　九州経済連合会会長

「3月の東日本大震災。まさに日本全体が逆境の中にある。〝共生〟と〝共創〟で力を合わせて立ち上がることが何よりも大切である」。

2013年 ――生かそう！　熊本の宝　拓こう！　新時代――

伊藤元重《いとうもとしげ》　東京大学大学院教授

「福岡は経済都市、熊本は政治都市に、役割分担がリスクの回避につながるのではないか。経済も政治も文化も全部ひとつに集中するのは好ましくないのではないか。くまモンも熊本のくまモンだけではなく、九州のくまモンでもよいと思う」。

松尾新吾　九州経済連合会会長

「九州における政治・行政の中心地は熊本だと思う人がどれだけ増えてくるのか。そのためには熊本県民が九州の住民であるという意識を持つこと。九州全体のことに想いをはせなければならない」。

２０１４年　――九州の魅力再発見　歴史遺産から未来を――

山内昌之《やまうちまさゆき》　東京大学名誉教授、歴史学者

「古代における火、現代における水、あるいは歴史における火と水、この組み合わせが成り立つのは熊本だけだ。これは熊本県の誇る最大の文化遺産である。地域の資源を火と水が象徴化して表現している点で素晴らしい」。

松尾新吾　九州経済連合会名誉会長

「熊本には歴史文化の遺産、誇り、品格がある。だがそれを当たり前だと思って大事に思っていない点もある。熊本の宝を大事にしていく気持ちを持っていただきたい」。

２０１５年　――熊本の品格　百年の大計への創意と工夫――

坂東眞理子《ばんどうまりこ》　昭和女子大学学長

「これからの観光地は一過性のお客さんではなくて、たとえば天草ではキリシタンの歴史を学習したり、そこでの生活を体験したりすることが大切。地域でのプロジェクトの担い手として参加することが重要になってくる」。

松尾新吾　九州経済連合会名誉会長

「まず熊本の宝を認識して、次に認識を広くしていくこと。他の地域の人にも知ってもらうことが観光のベースになる」。

※2016年は休止

2017年　――未来へふるさと再生――

御厨貴　東京大学名誉教授

「蒲島氏は熊本地震での最高責任者として、すぐに指揮を取った。これが危機管理体制の要である」。

五百籏頭真　熊本県立大学理事長

「熊本空港の国際化を本格的に進めてインバウンド客を増やす。そのうえで熊本の農作物がアジアのブランド商品になっていくことが望ましい。熊本空港を復興のひとつの拠点にすることだ」。

松尾新吾　九州経済連合会名誉会長

「（大災害に備えるためには）指揮命令系統をきちんと設定しておく必要がある。熊本県の大地震からの復興プランは必ず達成できるものと思っている」。

2018年 ――大空港構想――

白石隆《しらいしたかし》　日本貿易振興機構アジア経済研究所所長

「熊本は九州のど真ん中にある。熊本空港は九州で一番重要なハブ空港になっても全然不思議ではない。何をするにしても想像した以上のことはできない。だから、いかに大きく考え、想像することが重要である」。

松尾新吾　九州経済連合会名誉会長

「航空会社は安全性・定時性・快適性の3つを満足させることに懸命である。我々は搭乗前と後のことをどうするのか考えるべきである。熊本空港へのアクセスをよくしなければならない」。

2019年 ――世界の熊本へ――

北岡伸一　国際協力機構（JICA）理事長

「九州全体を利用者目線で見れば、福岡空港でも熊本空港でもどちらでもよい。目的地にスムーズに行けることが大事である。たとえばシンガポールのチャンギ空港は到着して30分以内にホテルのお風呂に入れる」。

松尾新吾　九州経済連合会名誉会長

「民営化で一歩先をいく福岡空港は市街地にある。制限があり発着回数の増加は難しい面もある。そこで期待されるのが熊本空港。両空港での連携が重要となる」。

ここに登場したスペシャリストがローカル局の番組に出演することは稀有なことである。蒲島のために駆けつけてくれた人ばかりだ。こうした日本を代表する学者たちと蒲島の関係構築について、県知事公室長の坂本浩と秘書グループ課長の府高隆《ふだかたかし》は異口同音に「すべての人がビッグネームであり、蒲島知事のためにすぐに熊本へ駆けつけてくれる。県庁職員にとっても頼もしい存在であり、職員のやる気につながっている」と。

「人生100年時代」の欺瞞

——地方自治体に押しつけられる社会保障

……鈴木哲夫

蒲島の今後の県政運営をめぐって、これから政府が地方自治体に押しつけようとする大問題について触れたい。

それは「人生100年時代」という欺瞞《ぎまん》だ。

いま、自民党や安倍政権がいかにも前向きに看板を掲げる「人生100年時代」。騙されてはいけない。

日本の平均寿命が延びて、多くの人が100歳を迎えたとして、ではみんなが健康なのか。みんな意気揚々としているのか。

高齢者の貧困率というのをご存じだろうか。実は、政府はこの数字を出していない。国民生活調査から算出すればできるのにやらない。

なぜか。実態を隠したいのだろう。バレたら大変。とんでもない社会問題になるからだ。

貧困率を独自に弾き出している立命館大学の唐鎌直義《からかまなおよし》教授（経済学）によると、65歳以上で、最低生活に必要な収入を得られていない人は、一人暮らし、夫婦二人暮らし合わせて27％に達する。4人に1人以上もの人が、年金やわずかな収入を合わせても生きていけないのである。

これからさらに寿命が延びていけば、貧困率は当然凄いスピードで上がっていく。すると、必要になってくるのは、貧困を解消するために生活保護のような給付の仕組みをどうするのか、また、人生長く生きれば病人は激増する、医療費をどうするのか。介護をどうするのか。どれも天文学的な財源が必要になる。では、どこまでどんな社会保障制度を構築するのか、財源のために消費税のさらなるアップも必至だ。

いまこそ政治は逃げずに、国民と厳しい環境を話し合い、消費税もさらに引き上げるのかなど真摯に正直に向き合い、最優先で取り組まなければもはや間に合わない。しかし、国民に痛みを求めると、政権は支持を失い、また財源で国民に負担を求めるならば定数削減などで自らの身を切らなければならないなど努力を求められ、ブーメランになる。

だから、正面から向き合わない。ごまかしたい。

それをうやむやにするために「人生100年」という耳障りのよいキャッチコピーを謳いあげているのだ。

「人生100年時代」だからと70歳定年延長を企業などに義務づけようとしているが、これは社会保険料などを長く徴収し、そして働いて収入があるんだから年金支給はもっとあとでいいと支給年齢をさらに遅くしようというものだ。100年を口実に高齢者へかかる社会保障費を削るハラだ。

また、70歳定年延長は、「まだ働ける」ではなく「働け！」を意味しているのだ。生産性を上げGDPに貢献しろということでもある。

さらに問題なのは、社会保障の財源を地方自治体につけ回すことだ。

安倍政権は2015年、実は国会で特定秘密保護法案の審議に世間やマスコミの目が奪われている隙に、「社会保障プログラム法」を成立させた。

これは、高齢者の医療費の負担を増やすと同時に、介護などを地方自治体に移していくという基本方針だ。

介護を地方自治体に移すとなると、地域によって差が出る。財政の豊かな地方自治体はいいが、そうでないところは行き詰まる。介護サービスに差が出る。

社会保障の考え方は、自助、共助、公助のバランスだとされる。いま政府が進めようとしているのは、自助をさらに進め、公助の「公」を国ではなく地方自治体にすり替えようとしているのが実相なのだ。

社会保障は地方自治体へ……。そんなシナリオが丸見えだ。

地方自治体は新たな財源確保の知恵や、広域組織化への移行、市町村合併による合理化など、社会保障財源確保と、効率的でかつ住民に寄り添った仕組みを作らなければならない。

「社会保障」は地方自治体に必ず襲いかかる、避けて通れない大テーマ。蒲島の手腕が問われる。

蒲島知事　特別インタビュー

「逆境の中にこそ夢がある」

聞き手：伊藤典昭

――知事になってから、これまでを振り返っていかがでしょうか。理想としていた県政運営はできていらっしゃいますか。

蒲島知事　蒲島県政の目標は非常に明快でした。熊本県民の幸福量の最大化です。そのための4つの要因があります。1つ目が経済的豊かさ。2つ目が県民の誇り。3つ目が県民の安全、安心。そして4つ目が県民の夢です。こうした目標に向かって進んできましたので、それがどこまで達成できたかというのはとても大事だと思います。

1期目は財政再建のため、知事の月給124万円を100万円カットするなど「決断の政治」をしました。2期目は「目標の政治」、くまモンを投入して県民総幸福量の最大化に挑戦しました。そして3期目は「対応の政治」。震災への対応ですよね。このように、私が考える政治は、1番目にまず決断すること、そして、2番目に目標を定め、その目標に向かって進むことにあります。さらに3番目に、震災対応のように、突然訪れるさまざまな危機にどう対応するか、この3つにあります。
ただ、私の場合、決断においても、目標においても、対応においても、究極的には県民が幸せになれるかどうか、常にその観点から考えています。

――あえてお聞きしますが、幸福の達成度という点ではいかがでしょう?

蒲島知事 客観的な評価として、これまで県民の幸福に関する意識調査を行ってきました。平成30年度の調査では73・6%の県民が「幸せと感じている(33・7%)、やや感じている(39・9%)」と答えています。

――本書では蒲島知事のリーダーシップ、決断力に焦点を当てていますが、ご自身が考えて、その決断力というのはどこからきていると思いますか。

蒲島知事 多分、ポイントが4つあると思います。1つ目は時間的緊迫性を持ってやること。これは私がハーバード大学で学んだことですが、アメリカ大統領であっても、重要な決断は6か月以内に行えと教えています。

2つ目が議論の公開性。決断にあたってはいろいろな人に意見を聞いて、公開の場で議論しなくてはいけません。

3つ目が決断の合理性。合理的な決断をしないと、どうしても不満が多くなります。

4つ目が決断に当たっての「精神の自由」です。

自分の決断は自分で責任を持たなければならない。当然、有識者会議などを開いて意見を聞くことはありますが、最後にはすべて自分が責任を持ってやる。これまでの大きな決断の1つに川辺川ダム建設計画の白紙撤回がありました。この決断はテレビ熊本でも生放送されていたので見た人も多かったのではないかと思います。この決断は知事就任から5か月で行いましたが、やっぱりいま述べた4つの要因がすべて関わっています。

――本書は、いろいろな人、若い人にも読んでもらいたいと思っています。本ばかり読んでいた少年時代、青年時代の蒲島さんに、いま声をかけるとしたらどんな言葉をかけますか。

蒲島知事　「逆境の中にこそ夢がある」というのが私のモットーですが、思えば、これまでずっと逆境だったわけです。しかし、人生の可能性は無限大、夢を持って努力すれば、不可能と思われることも必ず可能となる、ということをぜひ伝えたいですね。いまが悪ければ悪いほど、達成すれば将来の喜びが大きくなりますから。

それから、夢に向かって一歩を踏み出さないと何も起こらないと言いたい。その一歩を踏み出すには限りない楽観性が必要です。そういう楽観性に加えて人との出会いが大切です。私も多くの人との出会いがあり、そのことがあっていまの自分が作られていると思います。いまが悪いとものすごく悲観的になりがちですが、いまは悪くても、乗り越えれば、その先はきっとよくなるという楽観性も大事だと思います。

――知事の人格形成、それから決断力に大きな影響をもたらしたお母さまに対して、いまどういう言葉を送りますか。

蒲島知事　母は家が貧乏で、高等小学校にも行けなかったので字を習っていないんです。裕福な家の子守をしながら、地面に棒で字を書いて覚えたと言っていました。でもすごく達筆で素晴らしい字を書きました。

父は終戦後、満州から熊本に帰った後は、決まった職に就かず小作として田畑を耕しておりました。そのため、母が公共工事等の土木作業員をして家計を支えていました。女性としてはきつかったと思いますが、父に文句のひとつも言わず、9人の子どもを育ててくれました。本当に感謝しています。一番感謝しているのは高校に進学させてくれたことです。もし高校に行っていなければ夢を持ってアメリカに行くこともなかったでしょうし、いまの自分もなかったと思います。

――この本のタイトルは、「くまモン知事」とさせていただきました。くまモンの大活躍、これからの可能性についてどのようにお考えですか。

蒲島知事 くまモンがなぜこれほど人気かというのは、私なりに考えてみると、理由が3つあると思います。1つは、くまモンのデザイン。あれは何の宣伝意思もありませんよね。熊本県を宣伝するわけでもない。あのデザインは水野学さんという素晴らしいデザイナーによって作られました。

2つ目はくまモン自身の努力。子どもたちやお年寄りに寄り添う姿とか。これは別に誰が教えるわけでもなく自ら学んだ、そういう努力です。あれを見て素晴らしいなといつも思っています。

3つ目はやっぱり政策としての「楽市楽座」。つまり、ロイヤルティを一切取らない。これでみんな安心して使えた。このことを私は、「くまモンの共有空間」と呼んでいるのですが、くまモンの共有空間の中に自由にみんなが参加できるんですよ。自由に参加してくまモンを使ったさまざまな事業を行う。そして幸福を得て、利益を得ていく。この共有空間はモノではないので限られていないんですよね、どんどん広がっていくわけです。共有空間が無限大に広がっていく。日本だけでなく海外にも。そういう意味で、私は、くまモンの可能性は無限大だと思っています。

最近の話題では、小学館のマンガ偉人伝でくまモンが61番目の偉人として取り上げられました。その前は誰かというと木戸孝允（59番目）や大久保利通（60番目）で、そのレベルに達したんですから、これはすごいことです。

これからどのような可能性をくまモンに期待するかというと、この共有空間は自由に移動可能ですから、外国でくまモンを多く使っていただきたいと思います。外国で使った場合はロイヤルティを5％から7％いただく。それをくまモンの知的財産権の権利を守ることに使い、それ以上の利益を得たときには熊本県に親孝行してもらう。そういうふうな可能性を考えているところです。

――熊本地震という大ピンチを創造的復興という大チャンスに変えようという蒲島県政ですが、現在達成度はどれくらいまできていますか。

蒲島知事 熊本地震からの創造的復興を進めるうえで、「重点10項目」というのがあります。私のいまの任期中に、この重点10項目をしっかりと進めていきたいと思います。

中でも柱が4つあるんですが、まず一番大切なのが、「住まいの再建」です。人々の住まいを確保することで、「心の復興」が果たせると思っています。いまも2万人近くの方が仮設住宅におられますが、なるべく多くの方々に本格的な住まいを持ってもらいたい。そのため、高齢者の世帯、若い子育て世帯といった、それぞれの皆さんが使いやすい形で、たとえば高齢者の方々にはリバースモーゲージ型融資という特別なローンを創設し、すまいの再建に役立ててもらうよう周知しています。

2つ目は「仕事の創造」。国のグループ補助金のおかげで、いまは、失業率はとても低いし、震災後1年間での震災による倒産は7件で済んだということもあり、仕事の創造は成功しました。

3つ目に「宝の復活」。宝とは、熊本城と阿蘇、もちろんくまモンも宝ですが、阿蘇へのアクセスルートの復旧は、国からの絶大なる支援もあり、驚くべき速度で進んでいます。熊本城も、今年（2019年）の秋までに大天守の外観が元の姿に復活します。

4つ目に「世界とつながる熊本の創造」。今年は、熊本で2つの大きな国際スポーツ大会、ラグビーワールドカップと女子ハンドボール世界選手権大会が開催されます。このビッグチャンスを最大限に活かして、熊本と世界をしっかりとつなげていきたいと考えています。

ハード面でいうと阿蘇くまもと空港をコンセッション方式、民間委託で国内線と国際線のビルを一体的に整備したい。それだけでなく、阿蘇くまもと空港と熊本市街地をつなぐ鉄軌道の延伸についても、具体的に国、JRと協議を進めていきたい。実現すれば空港と熊本市街地間のアクセスについて、格段に定時性が図られるし、人員等の輸送性も格段に向上すると見込んでいます。

もうひとつは八代港のクルーズ船の拠点化です。国と県そしてクルーズ船社が一緒になって、国内ではどこにもないようなクルーズ船の拠点整備を進めています。完成すれば、より多くの方々が熊本にいらっしゃるんじゃないかと思います。

――最後に、知事として、行政のトップ、リーダーとして、一番必要なことは何だと思われますか。

蒲島知事 一番必要なことは、やっぱり決断することですね。私自身も県政における2つの決断がなかったら、次の災害対応はなかっただろうと思っています。「川辺川ダム問題」をいままでずっと引きずっていたら、国土交通省との関係も良好なものとはなっていなかったかもしれません。そうすれば、いまのようないい形での震災対応はできなかったかもしれません。また、「財政再建」を進めていなかったら、躊躇なく災害対応はできなかったでしょう。決断に対しては、さまざまな違う意見もあるかもしれません。しかし、「精神の自由」を持って合理的な決断をする。これこそが、リーダーに求められていることだと思います。求められる決断を先延ばしにすることが一番悪いと思います。

また、決断するには楽観性も必要です。悲観的なことばかり考えているとなかなか決断はできません。楽観性、これは熊本の復興を応援してくれている「ONE PIECE」の主人公・ルフィーの生き方と同じです。決断を支える合理性と楽観性、これが大事だなと思います。

２０１９年１月収録

あとがき
〜幸福量の最大化を求めて〜

伊藤典昭

政治家の誰もが理想とするのは、人々の幸福の実現である。だが容易なことではない。

蒲島郁夫熊本県知事は、夢の実現のために努力を続け、自己の利益を考えず自身が大損をしても人々の幸せを考えているようだ。その信念により自らの政策を決断してスピード感を持って実現している。根底には多くの熊本県民との信頼関係の構築がある。

本文で紹介した小山薫堂氏も蒲島知事の行政トップとしての手腕を高く評価するひとりである。

「蒲島知事は県職員に対して皿を割ることを恐れるな。割ってもよい。仕事をするから皿は割れるんだ。割ったら責任はトップである自分が取ると言っている。この姿勢が県職員のやる気を引き出している。そこから新しい発想が生まれる。蒲島知事は旧来の政治家と違う。政治家に限らず人は責任を取りたがらない。自身のマイナスになるから。蒲島知事は政治家ではなく学者ではないのか。出世とか名誉とかを考えない、求めない。理論的に考え人々の幸福を求め続けている。蒲島知事の根幹は愛を持って人々に向き合っているところだ」と。

このようにリーダー、知事に求められるのは明確なビジョンを示すこと。

政策の方向性を即断即決すること。そして真摯に耳を傾け部下を100％信頼して業務を遂行させ、すべての責任は自分が取るということ。これらのトップの条件を蒲島知事は持ち備えているということになる。

さらに蒲島知事は決断とともに実行のスピード感を大事にしている。これは学者としての視点である。重要な政策については半年以内に決めなければならない。短期間に議論に議論を重ねて結論を出し、迅速に実践していくことを常としている。そこには慣習にとらわれず新しい発想や感覚を持ち込む度量が求められてくる。何がよいのか何が悪いのか、その決断はとても難しい。これが熊本県の現在・未来を大きく左右する重要政策になるとなおさらだ。その際、蒲島知事にとって最も重要なことは、熊本県民の幸福量の最大化である。

蒲島知事の決断が本当に正しかったのか、これを本当に評価できるのは次の世代かもしれない。

これまで熊本県では、熊本県民の幸せを願い、多くの難題に対し歴代の知事は努力精進し結果を出してきた。ただ己を捨てて熊本県民の幸せを願い、純粋な気持ちで熊本県民のために熊本県のあるべき姿を求め実践してきた点では蒲島知事がトップクラスなのではないか。

蒲島知事こそがトランスフォーマー改革者なのではないか。


いま、「地方の時代」と言われている。それは地方間競争の時代であることを意味している。少子高齢化が全国平均よりも早い熊本県において、熊本地震からの創造的復興を進め、熊本の創生を果たしていくためには、蒲島知事が示す〝スピード感ある決断力〟と〝実行力〟が今後の熊本県政運営にも必要不可欠になることは間違いない。

本書が、熊本県そして全国の地方自治体のトップに何が求められ、何が必要になってくるのか、その参考になれれば幸いである。そして政治は可能性の芸術であり、不可能を可能にする、人生もまた同じであるとする蒲島郁夫氏。失礼な表現になるかもしれないが、蒲島氏の〝まさかの人生〟、大きな夢を決断と不断の努力によって実現していく人生、驕りを知らず運を摑む努力を続ける蒲島郁夫氏の人生が、自己啓発やビジネス成功の手がかりになればと考えている。

最後に、本書の出版にあたりともに出筆いただいた政治ジャーナリストの鈴木哲夫氏、ジャーナリストとしての指南役・元フジテレビ解説委員長の船田宗男《ふなだむねお》氏、私とともに取材にあたった同僚の報道部員、そして出版に際し理解をいただいた本松賢会長、河津延雄《かわづのぶお》社長はじめテレビ熊本の社員、スタッフに感謝したい。

そして何よりも多年にわたり取材に応じていただいた蒲島郁夫氏、関係者の皆さまに心から御礼を申し上げる。

参考文献
『逆境の中にこそ夢がある』（蒲島郁夫、講談社）
『ザ・選挙 熊本名勝負 自民VS民主・非自民激闘史』（伊藤典昭、熊日情報文化センター）
JASRAC 出 1902250065－01

著者プロフィール

伊藤典昭（いとうのりあき）

テレビ熊本取締役報道編成制作局長
1957年熊本県菊池市生まれ。法政大学経営学部卒業後、テレビ熊本入社。熊本県政記者クラブキャップ・報道デスク・FNN首相官邸担当（フジテレビ政治部）・日本民間放送連盟報道委員会委員などを経て現職。著書に『ザ・選挙 熊本名勝負 自民VS民主・非自民激闘史』（熊日情報文化センター）がある。

鈴木哲夫（すずきてつお）

ジャーナリスト
1958年福岡県福岡市生まれ。早稲田大学法学部卒、テレビ西日本・フジテレビ政治部・日本BS放送報道局長などを経てフリーに。25年にわたる永田町の取材活動で与野党問わず広い人脈を持つ。著書に「政党が操る選挙報道」（集英社新書）、「安倍政権のメディア支配」（イースト新書）「石破茂の頭の中」（小社）など多数、またテレビ・ラジオでコメンテーターとしても活躍。

くまモン知事
東大教授から熊本県知事に転身した蒲島郁夫の決断力

2019年3月25日　　初版第一刷発行

著者	伊藤典昭　鈴木哲夫
ブックデザイン	Hiro
本文デザイン	岩井康子（アーティザンカンパニー）
出版協力	テレビ熊本 熊本県庁の皆様
編集	小宮亜里　黒澤麻子
編集協力	長澤智子　中井良実
発行者	田中幹男
発行所	株式会社ブックマン社 〒101-0065　千代田区西神田3-3-5 TEL 03-3237-7777　FAX 03-5226-9599 http://www.bookman.co.jp/

ISBN978-4-89308-914-4
印刷・製本：凸版印刷株式会社